杭州市第四届重大教育科研成果

孤独症儿童
幼小衔接的理论与实践探索

俞林亚◎编著

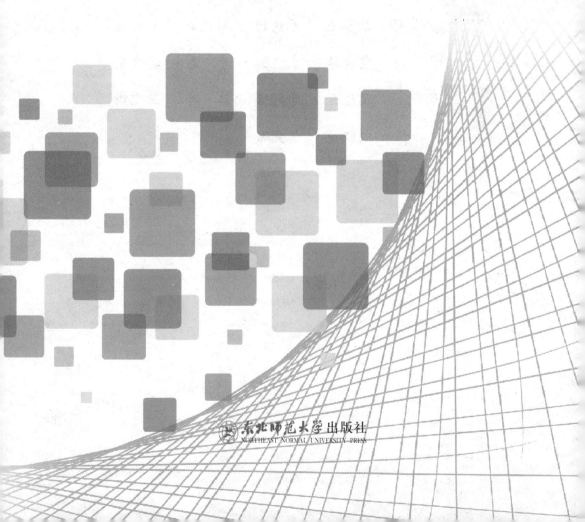

东北师范大学出版社
NORTHEAST NORMAL UNIVERSITY PRESS

序

　　党的二十大提出,"加快建设高质量教育体系","促进教育公平"。2023 年 8 月,教育部发布《关于实施新时代基础教育扩优提质行动计划的意见》要求,到 2027 年,学前教育优质普惠、义务教育优质均衡、普通高中优质特色、特殊教育优质融合发展的格局基本形成。《"十四五"特殊教育发展提升行动计划》又进一步明确指出,"以适宜融合为目标",办好特殊教育。这一系列政策的出台标志着我国融合教育正在由"能融合"向"融合好"的优质融合方向发展,并进入高质量发展的关键期。孤独症在儿童中的流行率逐年增长,呈谱系发展,个体间差异巨大,且区域普通幼儿园和小学对孤独症儿童干预的需求大。课题组以孤独症儿童幼小衔接为切入点,聚焦其融合教育发展中的"理念""课程""实施"三重困境,展开了为期三年的行动研究。

一、关注"发展",以"幼小衔接"为关键抓手

　　孤独症儿童的融合教育一直是教育领域亟待解决的难点问题之一。处在幼小衔接阶段的孤独症儿童,更是面临着学习环境、学习模式、社交需求等多重转型压力。社会接纳度不高、制度

序

支持不足、环境准备不完善等多方面因素导致孤独症儿童在普通学校一直存在"进入难、参与少、支持弱"的困境,亟需高质量的幼小衔接教育来支持孤独症儿童从幼儿园顺利过渡到小学。因此,我们必须以发展的眼光看待孤独症儿童,牢牢抓住"幼小衔接"这一孤独症儿童参与融合教育及早期干预的关键阶段,将"融合"视为一种思想和教育方法,推进区域孤独症儿童的高质量融合。

孤独症儿童的成长与其生态环境息息相关,家庭、学校、社会等环境都会对其幼小衔接产生不同程度的影响。因此,基于区域协同,课题组确立了以"能进入、深参与、强支持"为核心的区域孤独症儿童幼小衔接教育一体化实践模式。该模式强调建立多级一体化制度,以实现孤独症儿童融合教育"能进入";实施多层一体化课程,促进孤独症儿童融合教育"深参与";形成多方一体化支持体系,保障孤独症儿童及其家庭获得"强支持"。该模式以支持系统为基石,倡导多元利益主体协同参与幼小衔接的全过程,创造性支持孤独症儿童参与融合课堂,满足他们的多元教育需求。

二、聚焦"质量",从普惠发展走向优质融合

融合教育的发展有三个层次。第一层次,物理空间的融合。孤独症儿童要能够"进得来",有机会进入融合环境接受教育,实现"全覆盖"。第二层次,社会性融合。孤独症儿童要能够"待得住",被融合环境所包容和接纳。第三层次,课程与教学的融合。孤独症儿童要能够"学得好",享受高质量的融合教育。可见,融合教育的未来必定是以提升"质量"为核心,强化普惠发展,走向优质融合。

课题组从理论和实践层面对孤独症儿童幼小衔接"何以高质量"进行了深度分析,展开了扎实且深入的探索。课题组抓住"课程与教学"这一关键要素,以"适宜融合"为理念引领,以推进幼小衔接课程建设为首要目标,以教学实施为核心,围绕理念、课程、教学、评价,构建了适宜区域融合教育现状的,可应用、可推广的区域孤独症儿童幼小衔接课程与教学新范式。新范式的实践,提升了普通学校课程规划与教学实施质量,赋能融合教育教师专业成长,让每一位孤独症儿童能够接受最适宜、最优质的幼小衔接教育,顺利实现从幼儿园到小学的过渡;切实解决了孤独症儿童家长、学校(园)的现实难题,为促进教育公平、推进区域融合教育高质量发展提供了解决思路。

本书共七章,涵盖区域孤独症儿童幼小衔接的实施概况。第一章讲述孤独症儿童幼小衔接的意义、重要性,及其背后的理论基础和孤独症儿童幼小衔接的现状。第二章从实施的组织架构、运作流程等方面具体阐述区域孤独症儿童幼小衔接的运作。第三章从支持保障的角度,介绍了区域孤独症儿童幼小衔接的支持体系,包括政策支持、家校(园)社支持以及环境与技术的支持等。第四章聚焦区域孤独症儿童幼小衔接的课程建构,详细介绍了相关课程的设计、开发与具体实施。第五章关注孤独症儿童幼小衔接的教学实践与质量评价,内容涉及教学实施和教学调整。第六章介绍了区域孤独症儿童幼小衔接教育的质量评价体系,并基于该评价体系对整体的实施质量进行了相应的检核。第七章介绍了区域孤独症儿童幼小衔接的成功案例以及未来展望。

本书是课题组在推进区域融合教育工作过程中进行的一些实践与思考,由杭州市杨绫子学校校长俞林亚设计编写思路和写作提纲。参与本书编写的人员包括杭州市杨绫子学校的毛婕妤、

序

裴春莹、刘晓美、吴天栋、贺晓琴、袁圆、李果、李莲、李舒珺、吴进丹、张现兰、马咏春、江玲、王文娟等多位老师。

本书的编写工作得到了东北师范大学出版社的友情协助，在此表示由衷的感谢！最后，向所有积极参与推进区域孤独症儿童融合教育的各位老师、家长和相关工作人员们致以最诚挚的感谢，正是他们的积极参与和支持给予了我们源源不断的能量，激励我们在探索区域孤独症儿童融合教育的路上深耕不辍、砥砺前行。

是为序。

俞林亚

2023 年 12 月

目录

第一章
孤儿症儿童幼小衔接概述

20世纪以来,"幼小衔接"这个话题备受世界各国关注。2017年,经济合作与发展组织(Organization for Economic Co-operation and Development,OECD)颁布的《OECD保育白皮书》中明确提出,在努力推进优质早期幼儿教育的同时,各国要加大对幼儿教育的财政支持力度,促进幼儿教育和小学教育的顺利衔接[①]。美国"幼小衔接"的相关政策始于20世纪60年代,从强调民主、侧重儿童认知能力及知识的衔接,到20世纪90年代以来追求幼小衔接质量,注重儿童认知与情感的统一以及儿童身体健康状况对幼小衔接的影响,经历了不断发展和完善的历程[②]。我国教育部2021年颁布的《关于大力推进幼儿园与小学科学衔接的指导意见》明确提出了"幼小衔接"的总体要求、重点任务和主要举措,并详细列出幼儿园入学准备和小学入学适应的指导要点。

与普通儿童相比,孤独症谱系障碍儿童(下文简称"孤独症儿童")的"幼小衔接"更为复杂。《残疾人蓝皮书:中国残疾人事业发展报告(2020)》中指出,学前融合教育是我国融合教育发展最薄弱的环节[③],多数孤独症儿童在普通幼儿园或特殊教育机构接受学前教育,但其所在幼

---

① 任丹萍.日本《幼儿园教育要领》(2017版)指导下的日本幼小衔接策略研究[D].长春:长春师范大学,2022.
② 赵地.美国联邦政府促进幼小衔接发展的政策研究[D].哈尔滨:哈尔滨师范大学,2013.
③ 李泽慧,白先春,孙友然.《残疾人蓝皮书:中国残疾人事业发展报告(2020)》内容解读[J].现代特殊教育,2021(02):3-7.

儿园大多不具备开展融合教育的条件,这令孤独症儿童从幼儿园衔接到小学的过程中面临诸多困难。本章分为三节,分别介绍孤独症儿童幼小衔接的意义、其背后的理论基础、当前我国孤独症儿童幼小衔接的现状以及问题破解。

第一节　孤独症儿童幼小衔接的意义

美国疾病控制与预防中心（Centers for Disease Control and Prevention, CDC）的最新数据显示，孤独症谱系障碍在美国8岁儿童中的患病率为1/36[①]。2022年国家卫健委发布的《0~6岁儿童孤独症筛查干预服务规范（试行）》中指出我国儿童孤独症患病率约7‰[②]。随着孤独症患病率的不断上升以及国内融合教育的推进，越来越多的孤独症儿童就读普通幼儿园，随后升入普通小学。然而，由于其核心障碍，孤独症儿童在升入小学过程中极易出现情绪不稳、社交冲突、学业困难等问题，使儿童家长、教师都面临重大挑战。如何联合多方力量，根据孤独症儿童的特点和需求，构建有效的幼小衔接操作模式，推动高质量融合，具有重要的研究价值和意义。

一、孤独症儿童幼小衔接的必要性

融合教育为在语言、行为与社会交往等方面均存在障碍的孤独症儿童提供了自然的社交环境、平等的教育机会，是理想的教育安置方式。但是，孤独症儿童的发展障碍，特别是在适应转变、独立处理问题与应对

① Centers for Disease Control and Prevention. Data & statistics on autism spectrum disorder[EB/OL].[2022-04-03].https://www.cdc.gov/ncbddd/autism/data.html.

② 国家卫生健康委办公厅.国家卫生健康委办公厅关于印发0~6岁儿童孤独症筛查干预服务规范（试行）的通知[J].中华人民共和国国家卫生健康委员会公报，2022（08）:4-26.

压力、维持情绪行为稳定等方面的障碍,[①]导致其幼小衔接之路非常坎坷,严重影响融合教育的质量。

(一)幼小衔接中儿童适应问题严重

德国学者哈克教授的研究指出,幼小衔接过程中主要存在着以下6个方面的断层问题,包括:(1)关系人的断层;(2)学习方式的断层;(3)行为规范的断层;(4)社会结构的断层;(5)期望水平的断层;(6)学习环境的断层[②]。儿童在幼儿园时期主要面对的是同伴和1~3位幼儿园教师,而在小学阶段,儿童则需要面对更多科目的教师,关系人也复杂起来。幼儿园以游戏教学为主,小学以讲授式教学为主,学习方式上发生了比较大的改变。在行为管理方面,幼儿园比较注重自我照顾能力的培养,而在小学阶段,儿童则要在此基础上具备学习方面的基本规范,如整理文具、端坐等。在社会结构方面,小学需要儿童具备一定的社交能力和问题解决能力,而幼儿园更多时候需要的是表达需求的能力。幼儿园阶段,教师及家长对儿童的期望主要是自我照顾和养成良好的行为习惯,但是进入小学后还会要求其在学业上符合期望。在学习环境方面,幼儿园的学习环境相对宽松、友好,对学生注意力、体力等方面的要求也比较低,而进入小学后,不仅环境改变了,而且学习节奏更加快,需要儿童能维持较长时间的注意力,有一定的自我管理能力。以上这些,都使孤独症儿童的压力倍增,存在严重的适应问题。

(二)孤独症儿童面临多重压力

在幼小衔接阶段,孤独症儿童需要承受的压力远远大于普通儿童。首先,孤独症儿童对既定程序的改变有不同程度的适应困难,从幼儿园升入小学这件看似自然的事情,对他们来说是巨大且无法在短时间内解决的困难;其次,孤独症儿童在进入新环境时更加容易出现问题,如无法理解简单的规则,感知觉异常导致的行为不规范以及社交沟通障碍带来

---

① 连福鑫,贺荟中.美国自闭症儿童融合教育研究综述及启示[J].中国特殊教育,2011(04):30-36+47.

② 杨敏,印义炯.从哈克教授的幼小断层理论看法国的幼小衔接措施[J].天津市教科院学报,2009(04):55-56.

的问题,这些都让孤独症儿童在新的环境中寸步难行;第三,大部分孤独症儿童的认知水平低于普通儿童,并且由于感知觉异常等问题,在学业方面很容易出现问题;第四,孤独症儿童极易产生情绪问题,既影响其自身发展,也给家庭带来压力。以上这些问题相互叠加,相互影响,使孤独症儿童的小学适应过程复杂化,出现情绪行为问题的概率极大,因此需要提供超前、全面、有计划的孤独症儿童幼小衔接服务。

(三)孤独症儿童行为问题发生率不断攀升

随着区域融合教育的不断发展,孤独症儿童进入普通学校就读的数量明显增加,随之而来的是教育教学方面压力的增加。以区域内某小学一年级为例,几年前,只有个别班级会接收1名孤独症学生就读,大多数班级没有孤独症学生就读。2021年开始,一年级近50%的班级有孤独症儿童就读,个别班级还会有2名甚至多名孤独症学生。由此可见,此类学生数量在增长,普通学校面临的问题也在增多。通过访谈得知,孤独症儿童入学人数的增加会导致新生管理困难,学生、家长在学期初出现冲突的事件增多,影响学校的正常教学秩序,也给后面的教育教学带来不良因素,对孤独症儿童与普通儿童的学习和生活都造成了一定困扰。

二、孤独症儿童幼小衔接的重要性

为孤独症儿童提供高质量的幼小衔接服务,不仅能够帮助孤独症儿童适应融合教育环境,解决幼小断层问题,也能够促进区域融合教育高质量发展,赋能普通学校的教育教学,减少家校矛盾,缓解孤独症家庭的教养压力,对社会稳定起到一定的作用。

(一)提升区域孤独症融合教育质量

孤独症儿童的融合教育一直是教育领域亟待解决的难点问题之一。孤独症儿童在普通学校一直存在"进入难、参与少、支持弱"的现实

问题[①]。其中"进入难"不仅仅是指孤独症儿童进入普通教育困难,也存在进入新学校的困难。有效的幼小衔接能够解决孤独症儿童进入普通教育的困难,减少学生失败的体验。在幼小衔接过程中,依据孤独症儿童的需求进行调整和支持,从制度设计、氛围营造、日常安排、课程教学、家校合作等方面持续不断地改进与实践,能够让孤独症学生更好地适应小学学习。孤独症学生的平稳过渡,为接下来的融合教育带来更多的积极影响,为后面解决"参与少、支持弱"的问题提供更多的借鉴与启示,也为其他学校提供了参考,进一步提升了孤独症儿童融合教育的质量。

(二)赋能普通学校的教育教学

当前普通学校教育条件和教育支持环境的不足,导致孤独症学生进入学校学习的情况不理想,甚至"回流"到特殊教育学校[②]。由于孤独症学生表现出的心理特征高异质性以及社会的偏见和学校接收能力的不足,很多学校甚至不敢接收孤独症学生,即使学生能够进入普通学校,课堂教学活动的参与也非常有限,慢慢发展成为"随班就坐"[③]。孤独症儿童的幼小衔接在观念上能够打消普通学校的偏见和顾虑,增加其接收孤独症儿童的信心,使其能够以更加积极的心态去面对孤独症学生,有利于教育良好氛围的营造;专业的幼小衔接支持服务能够帮助普通学校教师开展评估、教学及日常管理,赋能教师的教育教学,让孤独症学生与普通学生实现双赢,提升普通学校的综合能力。

(三)缓解孤独症家庭的教养压力

孤独症儿童进入普通小学不仅给其自身带来压力,更容易让孤独症家庭陷入困境。家长一方面需要担心孤独症儿童自身的障碍,又要面临无法协调、多方沟通的困局。在此境况下,孤独症家庭将会陷入亲子关

① 孙颖,杜媛,朱振云,等.基于APS质量框架的孤独症儿童融合教育质量提升实践研究:以北京市为例[J].中国特殊教育,2023(06):89-96.

② 傅王倩,肖非.随班就读儿童回流现象的质性研究[J].中国特殊教育,2016(3):3-9.

③ 关文军,颜廷睿,邓猛.随班就读学校教师对孤独症儿童教育安置的态度研究[J].残疾人研究,2017(4):85-90.

系甚至是家庭关系的危机之中。幼小衔接可以未雨绸缪，有计划地为孤独症儿童进入普通学校做好准备，减少家长面对重大转变时所承受的心理压力；多方合作也可以给家庭带来更多的信心和力量，使其平稳地度过这一时期，为家庭的和谐稳定带来有利因素。而良好的家庭氛围能够帮助孤独症儿童更好地适应环境，为其带来积极的影响。

第二节 孤独症儿童幼小衔接的定义与理论基础

一、概念界定

(一)孤独症谱系障碍

1. 孤独症谱系障碍的定义

孤独症谱系障碍(Autism Spectrum Disorder, ASD)是以社交交流和社交互动方面存在持续性缺陷,存在局限、重复的行为模式、兴趣或活动为共同临床特征的一种神经发育性障碍[1]。本书中的"孤独症儿童"指处于学前教育和小学教育过渡阶段的孤独症谱系障碍儿童。

2. 孤独症谱系障碍儿童的心理特点

(1)动作发展特点

2010年,教育部发布的《3—6岁儿童学习与发展指南》中对儿童的动作发展提出了三项目标:①具有一定的平衡能力,动作协调、灵敏;②具有一定的力量和耐力;③手的动作灵活协调。此阶段儿童的骨骼、肌肉、头围、脑容量在不断发展,神经系统间的联结不断增强。相关研究显示,神经生化机制和脑结构的异常共同导致了脑功能的异常,最终造成孤独症儿童的动作发展障碍[2]。部分孤独症儿童的动作发展能力低于同龄普通发展儿童,主要涉及粗大动作、精细动作及与之相关的动作协调与运

---

① 美国精神医学学会.精神障碍诊断与统计手册(案头参考书)(第五版)[M].张道龙等译.北京:北京大学出版社,2014.

② 王琳,王志丹,王泓婧.孤独症儿童动作发展障碍的神经机制[J].心理科学进展,2021,29(07):1239-1250.

用,这些异常的动作行为可出现在孤独症婴幼儿期,后可延续至儿童期甚至成年①。由于孤独症儿童普遍存在动作发展障碍,而动作能力是其他能力发展的基础,所以幼小衔接过程中需重点关注孤独症儿童的动作发展情况。

(2)认知发展特点

认知发展影响儿童的思维、情感及行为。皮亚杰认为5—7岁儿童主要处于前运算思维向具体运算思维过渡的阶段,幼儿园阶段的儿童通过语言、模仿、想象、符号游戏和符号绘画来发展符号化的表征图式,他们的知识仍然在很大程度上取决于自身的知觉。小学阶段的儿童则开始领会特定因果关系的逻辑基础,开始了解类别、归类系统和团体中的等级结构。相关研究表明孤独症儿童的工作记忆、社会认知和认知灵活性存在损伤,并指出工作记忆的缺陷是其核心临床症状、学习障碍、注意缺陷等功能性损伤的认知基础②。孤独症的社会认知缺陷包括对社会刺激加工的障碍和"心理理论"缺陷③,其认知灵活性损伤常表现为认知转换不灵活、固着错误多、解决问题困难、刻板行为等特征④。孤独症儿童的认知发展障碍会对其进入小学后的学业及学校活动的参与造成困难,所以幼小衔接过程中针对其认知的干预十分重要。

(3)情绪发展特点

儿童的情绪发展随着年龄的增长逐渐分化和复杂化,其情绪往往是外显的且难以自我控制的,具有易变性和冲动性的特点。情绪的发展是个体身心成熟和学习的结果,不同情绪发生的频率、强度和持续时间,通常由遗传、成熟水平、环境条件、日常生活经验以及个体健康状况等多种

① 庞艳丽,卜瑾,董良山.自闭症谱系障碍儿童动作发展障碍研究述评[J].中国特殊教育,2018(04):46-52.

② 宫慧娜,彭泰.工作记忆训练对孤独症儿童认知功能的影响[J].中国特殊教育,2022(12):55-62+70.

③ 黄俊,王滔.自闭症谱系障碍社会认知缺陷的神经机制:来自fNIRS的证据[J].中国特殊教育,2020(06):32-38.

④ 安文军,程硕,朱紫桥.自闭症谱系障碍儿童青少年认知灵活性研究进展[J].中国特殊教育,2020(05):54-60.

因素共同作用①。在情绪发展方面,孤独症儿童往往表现出更强烈的负面情绪反应,且普遍存在情绪失调的问题,情绪失调也是他们出现情绪和行为问题的共同潜在因素,并与一系列负面的心理和身体健康结果有关②。孤独症群体普遍存在面部和声音情绪识别困难、情绪表达连贯性差、情绪调节困难及移情能力不足等情绪问题,其述情障碍的发生率也显著高于普通人③。和幼儿园阶段相比,小学阶段对学生的情绪发展水平有着更高的要求,情绪行为问题也是孤独症儿童在融合教育环境中最显著、最让教师和家长困扰的问题。如何提升孤独症儿童的情绪发展水平,帮助其在情绪方面实现平稳过渡是孤独症儿童幼小衔接过程中亟须解决的问题。

(4)语言发展特点

儿童的语言发展基本遵循从前语言到语言、单词句、双词句、句子、会话等阶段,普通儿童在5—7岁阶段基本能达到简单会话的水平,此时儿童的语言发展仍处于关键期。有研究表明大部分孤独症儿童有语言发育障碍,具体以表达落后和句法异常为主,且发育水平越差语言障碍程度越重,即使发育水平正常的孤独症儿童中也会存在语言发育障碍④。美国精神疾病分类诊断手册(DSM-4)中将"语言交流存在本质性缺损"列入孤独症谱系障碍的三大诊断标准,虽然DSM-4中删除了语言交流这一标准,但语言发展障碍仍是孤独症不能忽略的典型特征之一。语言的习得是儿童先天遗传因素与后天环境因素交互作用的结果,孤独症儿童语言的发展与其进入小学后的社会交往和课程学习息息相关,是影响其幼小衔接的重要因素。

---

① 李春生.中国小学教学百科全书·教育卷[M].沈阳:沈阳出版社,1993.

② 李咏梅,邹小兵.孤独症谱系障碍患者的情绪调节[J].中华行为医学与脑科学杂志,2020,29(10):948-955.

③ 魏寿洪,刘婉.伴有述情障碍的孤独症谱系障碍者情绪问题及其影响[J].中国特殊教育,2022(06):60-67+77.

④ 韦秋宏,张渝,何燕,等.不同发育水平孤独症谱系障碍患儿的语言状况[J].中华儿科杂志,2021,59(11):922-927.

(5)社会性发展特点

社会性是作为社会成员的个体,为适应社会生活所表现出的心理和行为特征,儿童在社会化的过程中逐渐掌握社会的道德行为规范与社会行为技能,从一个生物人成长为社会人。5—7岁是儿童社会性发展最重要的时期,进入小学的儿童能通过竞争和合作来辨别他人的社会行为,儿童之间的友谊开始形成,开始产生对班级和学校的归属感。社会交往障碍是孤独症儿童的核心障碍,他们在社会认知、社会情感和社会行为上存在不均衡性、发展不成熟等特征[①]。对于融合教育背景下进行幼小衔接的孤独症儿童,应在课程设置、环境创设、支持策略等方面对其社会性发展给予特别关注。

(二)孤独症儿童幼小衔接的定义

《关于大力推进幼儿园与小学科学衔接的指导意见》中提出"幼儿园做好入学准备教育",明确指出幼小衔接的起始阶段为大班下学期,并将小学一年级上学期设置为入学适应期,从政策层面规定了幼小衔接的对象为大班下学期至一年级上学期,即5—7岁范围的儿童。学生在不同阶段间的过渡通常称为"衔接"(Transition),指从一个阶段到另一个阶段的过渡。衔接发生在人生的各个阶段,个体在衔接前后面临着角色、任务和生活形态的改变[②]。"幼小衔接"指儿童在学前教育与小学教育两个阶段间的过渡,在我国具体指幼儿园与小学的衔接。"孤独症儿童幼小衔接"则指孤独症儿童在学前教育与小学教育两个阶段间的过渡,与普通发展儿童不同的是,孤独症儿童的学前教育安置形式更为多元。普通发展儿童一般从普通幼儿园过渡到普通小学,而孤独症儿童在学前阶段则有普通幼儿园随班就读、普通幼儿园特殊班、特殊幼儿园、教育康复机构等多种学前教育环境,小学阶段则主要指融合教育背景下普通学校随班就读和特殊教育班两种安置形式。

---

① 曾晨.孤独症儿童社会性特征研究的回溯与展望[J].中国特殊教育,2005(05):78-81.

② 冯帮,陈影.美国特殊教育就业衔接服务解读及启示[J].中国特殊教育,2015(08):9-16.

二、孤独症儿童幼小衔接的理论基础

(一)生态主义

生态主义理论起源于美国生态学家奥尔多·利奥波德(Aldo Leop-old),从机能整体理论的自然观出发,认识到任何不可分割的事物都是一种活的存在,肯定了由各种生物和无机环境组成的大地共同体,是一个活生生的、富有生命力的存在物[①]。生态主义是一种认为人与环境之间存在相互作用和相互影响的理论,强调人的发展受到多层次环境因素的影响,包括个体、家庭、社区、社会和文化等。生态主义的观点认为,孤独症儿童的发展不仅取决于他们自身的生物学、心理学和行为学特征,还取决于他们所处的环境是否能够满足其基本需求,如安全、归属、自尊、自我效能等。在生态主义理论的基础上延伸发展出生态系统理论(Ecological Systems Theory),这是美国心理学家布朗芬·布伦纳在研究个体成长发展的影响因素时提出的系统模型理论。该理论认为对儿童发展特点的研究要重视儿童发展的情景性,强调生态环境系统各组织要素及其交互作用对儿童成长发展的作用[②]。强调发展的环境和儿童的特质在决定发展结果的过程中同样重要。在生态系统理论模型中,布朗芬·布伦纳将个体与其直接生活的环境的交互作用称为行为系统。该行为系统由微观系统、中间系统、外层系统和宏观系统四个层级构成。

孤独症儿童幼小衔接的过程应该考虑到孤独症儿童在不同环境层次上的优势和困难,以及如何协调和整合这些环境资源,以促进他们的适应和发展。生态主义还强调了环境之间的相互作用和相互影响,如家庭与学校、学校与社区等,这些环境之间的联系会影响孤独症儿童的学习和生活质量。因此,孤独症儿童幼小衔接的过程应该建立有效的沟通

---

① 余嘉云.“三全育人”的生态主义理论阐释与实践路径探索[J].南京师大学报(社会科学版),2021(01):130–138.

② MOEN P,ELDER J G H,LUSCHER K.Examining lives in context:Perspectives on the ecology of human development[M].Washington,DC:American Psychological Association,1995.

和协作机制,以实现环境之间的一致性和连贯性。生态主义理论为孤独症儿童幼小衔接提供了一个全面和动态的视角,可以帮助我们认识到孤独症儿童是一个有着多重身份和多元需求的个体,他们需要在不同环境中得到尊重、支持和参与,以实现他们的最大潜能。

(二)建构主义

建构主义理论的最早提出者可追溯到瑞士心理学家皮亚杰,他创立了儿童认知发展理论。建构主义遵循两条基本原理:一是知识不可能被动接受,只可能被主体所创造;二是认知功能具有适应性并适应于经验世界的构造,主张教学应以学习者为中心,学生积极主动地建构知识[①]。建构主义强调人是有能力、有创造力、有主动性的学习者,他们通过探索、发现、反思、协作等方式来建立自己对世界的理解。建构主义教学法是一种基于建构主义学习理论的教学模式,认为学习是学习者在一定的社会文化背景下,借助他人的帮助、协助来获得的,教师的作用是帮助和促进学习者构建知识。建构主义教学法主要有以下三种:1.支架式教学法(Scaffolding Instruction)指教师根据学习者的最近发展区,为学习者提供适当的支持和帮助,帮助学习者理解特定的知识,建构知识的意义;2.抛锚式教学法(Anchored Instruction)指教师以真实的事件或问题为锚,创设与现实情况基本一致或类似的情境,让学习者面临一个需要立即去解决的现实问题,激发学习者的兴趣和动机,促进学习者的认知、情感、社会和创造力等多方面的能力提升;3.随机进入教学法(Random Access Instruction)指教师利用多媒体技术,为学习者提供丰富的信息资源和学习路径,让学习者根据自己的兴趣、需求和能力,自由选择和探索学习内容,实现个性化和自主化的学习[②]。

从建构主义的视角看,孤独症儿童与其他儿童一样,都有着自己的先前知识、经验、观点和偏好,这些都会影响他们对新信息和新情境的处

---

① 王晓燕.建构主义教学理论与信息化教学模式的构建[J].现代情报,2006(02):184-186.

② 王竹立.新建构主义教学法初探[J].现代教育技术,2014,24(05):5-11.

理和解释。因此,孤独症儿童幼小衔接的过程应该尊重和利用孤独症儿童个性化和多样化的学习方式,以激发他们的学习动机,提高其参与度。建构主义理论还强调,孤独症儿童的学习不是一个孤立的过程,而是一个社会互动的过程,他们需要与他人进行交流、合作、协商和共享,以建立共同的知识和意义。因此,孤独症儿童幼小衔接的过程应该提供丰富和多元的社会互动机会,以促进孤独症儿童的语言和沟通能力,以及他们对自己和他人的认识和理解。建构主义理论为孤独症儿童幼小衔接提供了一个积极的和人本的视角,它可以帮助我们认识到孤独症儿童是一个有着自己的思想、感受、价值和目标的学习者,他们需要在一个支持和鼓励他们探索、创造、表达和成长的环境中学习。

(三)行为主义

行为主义理论的创始人华生将所有心理现象纳入"行为"的客观解释之中,认为行为是由刺激和反应之间的关联所决定,强调人的行为可以通过对刺激条件和反应结果进行操作来改变和控制,如奖励、惩罚、强化、消退等[①]。行为主义理论可以帮助我们分析和评估孤独症儿童的行为问题和需求,以及通过科学和系统的方法来改善和增强他们的行为表现。从行为主义的视角看,孤独症儿童往往表现出一些不适应的行为,如重复、刻板、攻击、自伤等,这些行为可能是由于他们对环境刺激的不敏感或过于敏感,或者是由于他们缺乏有效的沟通和自我调节方式所导致。因此,在幼小衔接的过程中应该对孤独症儿童的行为进行观察、记录、分析和评估,以确定他们的行为目标、原因和后果。行为主义还强调,孤独症儿童的行为可以通过对环境刺激和反应结果进行操作来改变和控制。这些操作包括:1.提供清晰和一致的规则、期望和反馈;2.使用正向强化来奖励期望的行为;3.使用负向强化或惩罚来减少不期望的行为;4.使用提示、提示消退、分步教学等技术来教授新技能或替代行为;5.使用自我管理、自我监控等策略来增强孤独症儿童的自我控制能力。

---

① 舒跃育.行为主义心理学的"自由意志—决定论困境"[J].华中师范大学学报(人文社会科学版),2022,61(02):181-188.

因此,在孤独症儿童幼小衔接的过程中应该采用科学和系统的方法来实施以上操作,帮助其顺利实现幼儿园到小学的过渡。

(四)家长参与

家长是儿童的第一老师与终身老师。家长参与是指家长作为养育者、教师帮手或志愿者角色参与到与儿童学习相关的活动中,家长在孩子的教育过程中扮演积极、主动的角色,包括与教师和其他专业人员沟通协作,以及在家庭和社区中提供学习和发展的支持和机会①。家长参与理论可以帮助我们充分理解家长作为孤独症儿童最重要的抚养者和教育者的优势,以提高孤独症儿童的教育效果和生活质量。家长是孤独症儿童最了解、最关心、最信任的人,他们对孤独症儿童的成长和发展有着不可替代的影响,不仅可以为孤独症儿童提供稳定和温暖的情感支持,还可以为孤独症儿童提供持续且一致的教育干预,以巩固和扩展他们在学校中所学到的知识和技能。因此,在孤独症儿童幼小衔接的过程中应该充分尊重和赋权家长,让他们成为孤独症儿童幼小衔接团队的重要成员,参与到孤独症儿童的评估、计划、实施和评价等环节中。家长不仅可以从教师和其他专业人员那里获得信息、建议和支持,还可以与他们进行有效的沟通和协作,以实现对孤独症儿童的最佳服务。因此,孤独症儿童的幼小衔接应该建立开放和信任的合作关系,让家长、教师和其他专业人员形成一个共同关心和支持孤独症儿童的伙伴关系,家长参与为孤独症儿童衔接提供了一个互动和协作的视角。

(五)科技支持

科技支持是指利用科学技术来辅助和促进孤独症儿童的教育和发展的过程,包括使用各种硬件、软件、网络、应用等工具和资源,以及开发和实施各种科技干预和服务等方法和策略。科技支持可以帮助克服和缓解孤独症儿童在教育和发展中所面临的一些障碍和困难,以提升他们学习和生活的效率和质量。科学技术可以为孤独症儿童提供多种优势

---

① 伏干.家长参与对中学生学习力影响的研究[J].教育研究与实验,2022(05):104-112.

和便利,如:1.提供多媒体和多感官的学习材料和环境,以吸引孤独症儿童的注意力,增强他们的学习兴趣和动机;2.提供个性化和适应性的学习内容和方式,以满足孤独症儿童的不同水平、速度、风格和偏好;3.提供结构化和可视化的学习指导和反馈,以帮助孤独症儿童理解、记忆、应用和评价所学的知识和技能;4.提供安全舒适的学习交流和社会互动平台,以帮助孤独症儿童克服语言和沟通障碍,增进他们对自己和他人的认识和理解。因此,孤独症儿童的幼小衔接应该充分利用科学技术的优势,为孤独症儿童提供多样化、个性化、结构化、安全化的教育支持。科学技术不仅可以为孤独症儿童提供教育支持,还可以为家长、教师和其他专业人员提供教育支持。

(六)社会支持

根据支持的途径,可将社会支持分为正式支持和非正式支持。正式支持一般有特定目标或由专业机构提供,如医护人员、心理专家、政府、社会组织等;非正式支持是一种自然的无机构的联结,如亲人、朋友、邻居、同事等[1]。根据支持的内容不同,可将社会支持分为信息性支持(Informational support)、情感性支持(Emotional support)、友谊性支持(Interpersonal support)和工具性支持(Instrumental support)四类[2]。信息性支持提供问题解决的方法、策略和途径;情感性支持帮助个体从外界获得尊重感、接纳感和信任感;友谊性支持帮助个体在人际交往中获得归属感;工具性支持提供物质上的有形支持。儿童、青少年的社会支持系统可包括学校支持、家庭支持、同伴支持等。社会支持的概念和分类是支持系统构建的重要依据。

综上所述,孤独症儿童的幼小衔接是一个复杂的教育和发展过程,它涉及多种理论和实践的支持和指导。本节从生态主义、建构主义、行为主义、家长参与、科技支持和社会支持六个方面,介绍了孤独症儿童幼

---

① 李方方.特殊儿童家庭照顾者的照顾倦怠与照顾者负荷、社会支持的关系研究[D].西南大学,2016.

② COHEN S,WILLS T. Stress,social support and the buffering hypothesis[J]. Psychological Bulletin,1985(2):310–357.

小衔接的理论基础,分析了这些理论对孤独症儿童教育和发展的意义与价值,以及如何基于理论设计,实施有效的孤独症儿童幼小衔接课程与教学。这些理论不仅能帮助我们更好地理解和适应孤独症儿童的特点、需求和挑战,还可以帮助我们更好地尊重和赋权孤独症儿童的个性、能力和潜力,以促进他们在不同环境中的适应和发展。当然,这些理论并不是孤立的,它们之间也存在着联系和互补,需要在实践中不断地探索、整合和创新,以实现对孤独症儿童的最佳教育与服务。

第三节 孤独症儿童幼小衔接的现状与问题破解

幼小衔接是所有孩子在升学阶段都需面临的巨大挑战,他们需要迅速适应新的环境,这无疑给孩子、教师及其家庭带来较大的压力。然而,现有的幼小衔接服务项目很难充分满足孤独症儿童的实际需求。随着区域融合教育的推进,孤独症儿童的融合教育越来越得到重视,幼小衔接则是孤独症儿童融合教育的关键环节。孤独症儿童面临的诸多挑战也使得父母的压力骤增。其中,孤独症儿童父母最为关注且担忧的便是孩子在新学校中的同伴关系,如友谊关系和受欺凌行为[1]。造成这种情况的因素可能包括相关人员所提供的转衔服务支持力度不足、新学校的延迟安置和家校之间关于孩子干预行为的有限沟通[2]。因此,我们需要突破幼小衔接存在的困境,探索区域孤独症儿童幼小衔接的最优路径。

一、孤独症儿童幼小衔接现状

(一)孤独症儿童在转衔时期面临的困境

社交沟通和同伴关系的困难、对事物可变性和不确定性的低容忍

① ZEEDYK M S,GALLACHER J,HENDERSON M,et al.Negotiatingthe Transitionfrom Primaryto Secondary School:perceptionsofpupils,parents and Teachers[J]. Schoolpsychology International,2003,24(1):67-79.

② PODVEY M C,HINOJOSA J,KOENIG K P.Status for Families During the Transition from Early Intervention to Preschool SpeciaaEducation[J].The Journal of Spencial Education,2013,46(4):211-222.

度,都可能是孤独症儿童在幼小转衔时期面临的巨大挑战。孤独症儿童的触觉、听觉等感知觉障碍,焦虑和睡眠等情绪行为问题都会在幼小转衔时期呈现激增的态势[1]。通过对相关文献的分析及问卷调查发现,孤独症儿童主要面临以下挑战。

1. 孤独症儿童学习适应较为困难

孤独症儿童对于新环境的课程内容和作息时间都会出现适应不佳的情况,表现出很难理解教师多样性的教学要求,这种情况会导致孤独症儿童自信心受到伤害。同时,孤独症儿童有着独特的学习特点,大部分孤独症儿童感知信息的通道较单一,他们普遍是视觉偏好者,对视觉线索能够很好地捕捉与理解,但易忽略其它感觉通道的信息;孤独症儿童主要以形象思维为主,倾向于直观的描述与表达,倾向于外显学习;除此之外,孤独症儿童在时间概念各方面似乎都存在着理解困难[2]。这对学校的教学环境提出了非常高的要求,包括孤独症儿童所在的物质性的教学场所,也包括其周围存在的因环境调整带来的心理、社会环境[3]。目前,普通学校的教学环境建设大多缺乏对孤独症儿童学习特点的关注,所提供的环境支持远远不能满足孤独症儿童的需求。

2. 孤独症儿童情绪行为问题多发

孤独症儿童进入新学校后,面对全新而陌生的学习环境,会表现出远高于平时的焦虑水平,大多数孤独症儿童还未具备处理自我情绪的技巧。在此种情况下,如果相关教师及家长没能及时进行干预,儿童的焦虑问题会愈发严重。

(二)孤独症家长在转衔时期面临的困境

通过调查发现,孤独症儿童家长在孤独症儿童面临诸多转衔问题时

① 贺荟中,张珍珍,张云翔.融合环境下孤独症谱系障碍儿童幼小衔接的困境与支持策略[J].西北师范大学报(社会科学版),2023,60(03):79-85.
② 加里·麦西博夫,维多利亚·谢伊,埃里克·邵普勒.孤独症和相关障碍儿童治疗与教育[M].秋爸爸,译.北京:华夏出版社,2014.
③ 吴曼曼,胡晓毅,刘艳虹.国外孤独症儿童教学环境创设的研究现状及启示[J].现代特殊教育,2017,(12):56-63.

压力骤然增加,其中包括对儿童同伴关系的担忧、对课程学习的焦虑等等。同时,孤独症儿童家长在家庭教育、家校沟通方面也存在着一定的困扰。

1. 家长的高水平焦虑

通过问卷调查及访谈发现,超过52.7%的家长在孤独症儿童转衔期间心理健康状况不佳。通过访谈得知,孤独症儿童家长普遍对儿童存在愧疚心理,认为自己没能够为儿童提供良好的教育环境,让孩子匆忙地进入支持不足的学校感到内心非常歉疚;更有一部分家长对自己不能让孩子短时间内进步感到非常无力,甚至对自身的能力显示出怀疑。当地教育部门的重视度在一定程度上也影响了家长的心理状态,如果政府、教育部门对融合教育的态度较为积极、投入相当数量的师资和资源,家长的焦虑程度会有一定程度的缓解,但是如果家长本身的经济条件较差、区域内学校的选择受到限制,也会提高家长的焦虑水平。总之,在孤独症儿童转衔期间,家长都曾经陷入过焦虑。

2. 教育教学中的支持与资源严重不足

在孤独症儿童幼小衔接阶段,家长需要了解大量的非专业领域知识,其中包括医学与教育方面的专业名词,还包括法律、政策方面的名词,除了从事教育行业的家长以外,其他行业的家长对孤独症儿童的幼小衔接都表现出无从下手。

首先,针对孤独症儿童学习环境与课程发生的变化,家长需要从生活适应、课程学习、人际交往等方面对儿童进行相应的训练。67%的家长表示不知道怎么对孩子进行训练,不知道从哪些方面入手,更不知道需要训练孩子哪些内容。92.5%的家长表示,在孤独症儿童的幼小衔接中获取不到相应的支持和资源,最常得到就是来自幼儿园或者资源中心的短暂培训或者支持,但是无法根据家庭的实际情况给出系统、全面的家庭教育建议。在这个方面家长们表现出较大的需求。

其次,家长缺乏获取教育资源的渠道。86.2%的家长表示除了孩子的老师以外,没有其他的教育资源获取的渠道,家长常常会感觉比较无力。此外,经济条件较差的学生家庭,资源获取的渠道和能力更加薄弱,家长对孩子的转衔教育深感无力,这也导致家长在孤独症儿童幼小衔接过程中陷入困境。

3. 家校沟通不畅,矛盾易激化

首先,孤独症儿童家长很难平衡家校关系与为孩子争取合法权利之间的关系[①]。57%以上的家长表示,他们与学校教师的沟通是比较少的,沟通大多针对孩子的问题行为,而家长大多处于沟通中的被动地位。通过访谈得知,孤独症儿童家长普遍认为自己的孩子没有得到平等的教育,较多时候是跟随的教育。但是当被问到为什么不去争取更多的教育时,多数家长表示,如果屡次向校领导或者相关部门提出一些需求,会让学校处于较为尴尬的地位,相关部门会问责学校,而家长不能让家校关系被破坏,因为孩子还要在学校就读,害怕因为提太多的要求老师从而转变对学生的态度。

其次,孤独症儿童家长较难与学校教师进行合作与沟通。62%的家长表示,他们较难与老师进行深入的沟通,大多数家长对教师秉持着抱歉、不愿添麻烦的心态,大多数老师对特殊儿童的幼小衔接服务也比较不熟悉。从家长的角度出发,受工作时间、家庭关系等因素的影响,家长与教师的沟通有一些局限,存在一部分家长在家校沟通中有所保留的情况,如比较不愿意透露家庭成员之间的关系、家庭实际的情况等等,这些也是影响孤独症儿童转衔的关键因素,但是因为种种原因被隐藏,家校之间的沟通不深入,合作也难以真正持续。

(三)教师在转衔时期面临的困境

在孤独症儿童幼小衔接中,幼儿园教师、小学教师、资源教师扮演着相当重要的角色,教师是教学活动的设计者和组织者,家校合作的沟通者,也是幼小衔接的评价者,但经过分析发现大多数教师对孤独症儿童幼小衔接的认知较为浅显,分析其背后的原因,主要表现为缺乏专业学

① STARR E M, MARTINI T S, KUO B C H.Transition to kindergarten for children with Autism Spectrum Disorder: A focus group study with ethnically diverse parents, teachers, and early intervention service providers[J].Focus on Autism & Other Developmental Disabilities,2016,31(2):115-128.

习、角色定位不清晰以及教师的合作机制不牢固。

1. 专业知识学习不系统

尽管"融合教育"已成为特殊儿童接受教育的主体形式，孤独症儿童的融合教育在本区域也经过较长时间的实践，但"孤独症儿童幼小衔接"这个词语并未被广大幼儿园及小学教师所知。通过对本区内的48名资源教师调查发现，只有12人"听说过且比较了解"孤独症儿童幼小衔接，占据被调研人员的25%；31人"听说过但不了解"孤独症儿童幼小衔接，占比64.6%；10人表示"不了解"孤独症儿童幼小衔接，占比20.8%。在态度调查方面，80%以上的幼儿园与小学教师都认为孤独症儿童的幼小衔接非常有必要，说明相关教师已经逐渐意识到幼小衔接的重要性，但是当询问教师是否将幼小衔接考虑进日常教学设计时，只有42.7%的幼儿园教师和56.1%的小学教师的回答是肯定的，通过以上调查发现，大多数的幼儿园、小学教师对孤独症儿童幼小衔接的认知还是相对浅显的。

通过对区域内教师进行调查发现，大多数幼儿园及小学教师未经过全面、系统的特殊教育专业学习，转衔方面的培训也是比较少的，导致教师在幼小转衔实施方面存在问题，主要体现在以下几个方面。

（1）课程理解片面

专业知识的不系统导致教师对孤独症儿童转衔教育的认识存在一些偏差，比较重视孤独症儿童在课程方面的表现，对社交与情绪问题较少关注。孤独症儿童幼小衔接不仅是知识上的准备，更是心理和习惯上的准备，保证环境的变迁具有连续性，以更好地适应儿童同化与顺应的心理机制，所以课程不仅仅是简单的、依赖某一方的教师与儿童的教学活动，而是需要形成一股合力，促进儿童健康的可持续发展。

（2）教学活动设计单一

幼小衔接课程的实施不是简单的教学活动，而是需要教师从孤独症儿童小学生活的全局出发且周围环境和社区资源对孤独症儿童有着潜移默化的影响。教师在设计活动时需要有效利用周围环境和社区资源，在调查中发现，教师对社区资源的忽视不利于儿童的社会性发展。

2. 教师角色定位不清

教师角色的践行影响着学前融合教育的高质量发展。当前,社会对融合教育教师的角色期待是以"双师型教师"为核心的[①]。谢正立、邓猛对融合教育教师的角色界定及角色形成进行了研究,认为融合教育教师是融合教育环境的创设者、课程设计者、教学实施者,是研究型学习者、沟通合作的组织者。但是无论是幼儿园教师、小学教师还是资源教师,都存在着多重角色定位的认知冲突。

3. 教师之间合作困难

真实的教师合作必须具备四个基本要素:主体的意愿、可分解的任务、共享的规则、互惠的效益[②]。通过调查发现,幼儿园和小学教师都能够认识到孤独症儿童幼小衔接的重要性,但是相对于幼儿园教师,小学教师对幼小衔接的合作重视程度不高。合作机制不牢固主要表现在以下几个方面。

(1)教师合作缺乏制度保障

孤独症儿童的幼小衔接是幼儿园教师、小学教师、资源教师等多方跨组织的合作,制度保障显得尤为重要。合作动机如何激发、合作契约如何签订、时间和空间如何保障、合作能力如何培养,都需要相关部门制定合作框架,教育行政部门进行实时驱动,还需要社区人员的积极支持和专家的有效指导。根据调查发现,现阶段三方教师的合作还停留在幼儿园邀请小学教师举办讲座、分享等形式,对于是否可以共同开发课程的问题,幼儿园教师大多表示曾经有过这方面的想法和尝试,但是由于工作繁忙并且缺乏指导最终没能继续。

(2)教师合作缺乏专业支持

在孤独症儿童的幼小衔接阶段,需要相关人员的密切合作。首先,合作机制缺乏人员支持,主要表现在社区相关人员和早期干预专业人员的缺乏,导致衔接工作大多是一线教师的孤军奋战;其次,合作机制缺乏

---

① 俞念.学前融合教育教师角色践行的现实困境与支持路径[J].教师教育研究,2022,34(03):56-61.

② 秦振飘.幼小衔接课程的调查研究[D].广西师范大学,2005.

机构支持,主要表现在没有针对孤独症儿童成立专门的幼小衔接小组,工作没有针对性分工和监督机制,导致效果不佳;第三,合作机制缺乏专业支持,主要表现在幼小衔接工作的专业指导主要来自特殊教育专家,融合幼儿园、小学教育方面的专家较少,导致专业支持不完善。

4. 教师合作缺乏互相认同

在传统的社会观念中,教师的学历往往等同于能力,并且将教师所处的学校阶段视为教师社会地位分层的变量。在孤独症儿童幼小衔接中,幼儿园教师、小学教师和资源教师中间存在一些障碍,认为幼小衔接的绝大部分责任在幼儿园,小学是幼儿园教学质量的评价者,而小学主要负责"小升初"的衔接;同时,普特教师之间的合作也缺少一些心理认同,融合教育大多停留在配合资源教师的阶段,对特殊儿童的幼小衔接还未有充分的认识,三方教师之间缺乏心理认同,使教师效能感偏低。

二、孤独症儿童幼小衔接问题破解

虽然孤独症儿童幼小衔接面临诸多困境,但区域行政部门、相关学校、家庭及社会经过共同努力,已经针对孤独症儿童幼小衔接做出了非常多的创新探索,形成了系统的孤独症儿童幼小衔接模式。

首先,完善区域孤独症儿童幼小衔接的组织架构、运作机制和运作流程,为孤独症儿童幼小衔接提供制度保障;其次,建立孤独症儿童幼小衔接支持体系,包含宏观、中观、微观系统,从政策引领、组织建立、融合相关人员培训、指导等方面为孤独症儿童幼小衔接提供保障;第三,构建孤独症儿童幼小衔接课程,通过幼儿园转衔课程、暑期转衔课程、小学转衔课程三段式进阶转衔课程,为孤独症儿童幼小衔接提供课程保障;第四,探索孤独症儿童幼小衔接教学实践,通过开发孤独症儿童幼小衔接生态化教学评估、多样化教学方法、个性化教学内容、系统化教学流程,为孤独症儿童幼小衔接提供教学实践保障;第五,推动幼小衔接质量评价改革,通过政策分析、实践经验提炼、质量评价指标体系建立与实施,为孤独症儿童幼小衔接提供评价保障。

第二章

区域孤独症儿童幼小衔接的运作

　　特殊教育质量提升是我国教育质量整体提升的重要一环。在融合教育背景下推进随班就读孤独症儿童幼小衔接，需要从区域层面重视，将其纳入区域基础教育改革中，架构完整的特殊教育服务组织与运行机制，以保障孤独症儿童享受高质量的幼小衔接服务。本章系统介绍了保障区域孤独症儿童幼小衔接的组织架构、运作机制和运作流程，为区域孤独症儿童幼小衔接的整体推进提供参考和借鉴。

第一节 孤独症儿童幼小衔接的领导组织体系

2021年,杭州市上城区架构了由教育行政部门牵头,区特殊教育资源中心统筹布局,以区特殊教育学校、区各街道幼小衔接示范幼儿园和小学、家长支持联盟为合作推进的幼小衔接组织体系(见图2-1),并完善了各组织结构职能。

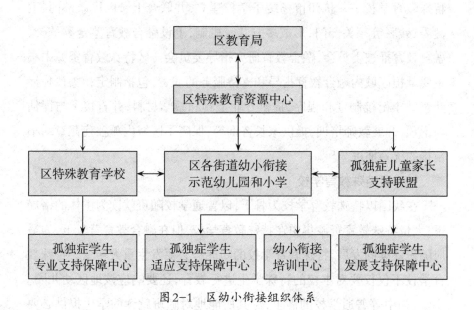

图2-1 区幼小衔接组织体系

一、区孤独症儿童幼小衔接的领导组织架构

(一)区教育行政部门

上城区教育局作为区教育行政部门,为牵头落实以上城区教育局基础教育部门为主体的责任,将孤独症儿童幼小衔接纳入区域幼小衔接的重点工作。聚焦"高质量",重点提高区域内孤独症儿童"应随尽随"的支持保障水平、幼小衔接课程设计水平、课堂教学水平和质量评价水平,制订幼小衔接相关政策、发展计划,统筹安排和指导区特殊教育相关教育教学、教师管理等工作。

(二)区特殊教育资源中心

在特殊教育质量提升进程中,区特殊教育资源中心作为区域特殊教育支持保障体系的重要组成部分,是保障孤独症儿童实现高质量幼小衔接的关键力量。上城区特殊教育资源中心由区教育局牵头,依托上城区特殊教育学校——杭州市杨绫子学校建立,并联合上城区民政部门、卫健委、残联等相关部门,形成多方共管机制,下设融合教育鉴定委员会、融合教育推进委员会、融合教育研究指导委员会。区特殊教育资源中心主要承担区域内融合教育指导和支持服务的职责,包括制定相关孤独症儿童幼小衔接制度和程序,提供专业工具和教学材料,并直接参与评估与干预,开展教师培训,提供家长咨询等,保障了区域内孤独症儿童幼小衔接的统筹推进。①

(三)区特殊教育学校

在我国以特殊教育学校为骨干,以普通学校随班就读为主体的格局下,大量特殊教育资源集中在特殊教育学校,但在融合教育背景下,为适应随班就读的发展,特殊教育学校的功能势必要发生重大转变。特殊教育学校不仅仅要对本校的特殊学生进行教育,还要响应该地区幼儿园、小学、初中等普通学校的需求,尽其所能地对随班就读的学生提供必要

---

① 冯雅静.我国县级特殊教育资源中心建设和运作:政策演进、现实困境与对策[J].中国特殊教育,2020(07):19-23.

的建议和帮助。[①]上城区形成了以杭州市杨绫子学校为主导的特殊教育支持指导委员会,它是区融合教育理念宣导、融合环境建设、随班就读学生科学评估体系建立、课程建设、教学资源开发,以及普通学校资源教室建设和师资培训、家长咨询的主要阵地,是推动区域孤独症儿童高质量幼小衔接的中坚力量。

(四)各片区街道幼小衔接幼儿园和小学

随班就读孤独症儿童幼小衔接的主体在普通幼儿园和小学,整合区域内普通幼儿园和小学的资源是推动区域内幼小衔接整体运行的重点工作。上城区按照2021年教育部《关于大力推进幼儿园与小学科学衔接的指导意见》指出的关于设立幼小衔接实验区、先行试点、分层推进的工作思路,结合区域内孤独症学生分布不均的现状,根据孤独症学生在不同领域的发展需求,将区域内普通幼儿园和小学按照办学现状与优势,划分为4大片区,推进片区内幼儿园和小学合作,设置感知与运动、认知与学习、情绪与行为、社交与沟通四大资源中心,促进区域内资源的连接与共享。各片区资源中心不仅是推进本片区幼儿园和小学连接的责任主体,还相互合作,责任共担,为全区有需要的孤独症学生提供不同领域的支持与干预。

(五)家长支持联盟

良好的家庭教育是孤独症儿童成长的关键因素,在孤独症儿童幼小衔接中起到重要的作用。由于孤独症儿童需要进行密集且持续的教育训练,家庭和学校需要建立相互合作、相互支持的关系。为充分发挥家校互动的作用,让孤独症儿童的家庭承担起相应的责任,上城区架构了由孤独症儿童家长与普通儿童家长组成的孤独症儿童家长支持联盟,成为推进孤独症儿童幼小衔接的合作者和践行者。针对孤独症儿童家长亲职压力大、家庭教育意识薄弱、养育技能缺乏、执行干预能力弱等现

---

① 朱楠,王雁.融合教育背景下特殊教育学校职能的转变[J].中国特殊教育,2011(12):3-8.

状[1][2]，该联盟旨在缓解其压力，为其提供足够的资源与支持，促进其在支持孤独症儿童幼小衔接过程中增能。针对普通幼儿园家长，该联盟则旨在促进其参与到融合环境的建设中，为孤独症儿童打造包容、尊重、开放的融合环境。

二、区级孤独症儿童幼小衔接的组织功能

本着"统筹管理、资源集中、合作共享、专业分工、分层负责"的原则，健全孤独症儿童幼小衔接组织的基本职能：一是融合理念宣导与践行职能，在区域内大力宣传融合教育，接纳孤独症儿童随班就读，提供孤独症儿童入学鉴定、入学安置等服务；二是融合教育资源整合职能，将区域内特殊教育学校、普通幼儿园和小学的资源整合，统筹规划与管理，满足幼小衔接的支持需求；三是孤独症儿童幼小衔接高质量服务职能，通过科研助力、家长培训、课程开发、教学实践等让每位孤独症儿童享有高质量的教育；四是孤独症儿童幼小衔接效果评估职能，一方面评估孤独症儿童的发展轨迹，另一方面通过自评和互评等方式评估各组织的执行力度，保障幼小衔接有效推进。

---

① 胡晓毅,郑群山,徐胜.我国孤独症儿童家庭教育的困境与对策[J].现代特殊教育,2015(22):18-24.

② 关文军,颜廷睿,邓猛.残疾儿童家长亲职压力的特点及其与生活质量的关系:社会支持的中介作用[J].心理发展与教育,2015,31(04):411-419.

第二节　孤独症儿童幼小衔接的区域具体运作

2021年,上城区建立并完善了孤独症儿童幼小衔接整体推进的区域联动、家园(校)协同、幼小衔接课程双向互动、幼小班级联通四大机制,促进区域内资源统筹协调与整合,形成基于区域支持、教师专业成长、家长有效合作的科学衔接评估与课程教学实践体系。

一、区域联动

设计建立孤独症儿童幼小衔接区域联动机制,需要解决三个问题:一是统一指挥和运行管理,二是上下对接和园校互联,三是园校参与合作。基于以上问题解决,构建了三级区域联动机制。

(一)行政推动

行政推动是区域联动机制的第一层。随班就读行政推动机制的内涵,是指各级政府围绕提高随班就读质量这一总体目标,动员、组织和凝聚与实现目标有关的行政力量,结成具有工作合力和行政影响力的行政主体,形成高效、灵活的行政支持保障系统,运用咨询、决策、执行、监督、评估等多种行政管理手段和激励性手段,从政策、制度、资金、人员、环境等方面对随班就读工作高质量运作所需各种要素施加行政影响,推动随班就读质量的大面积提高。[1]区域孤独症儿童幼小衔接工作由教育局牵

---

① 谢敬仁,须功,张咏梅.随班就读行政推动机制研究[J].现代特殊教育,2006(11):12-18.

头,遵循随班就读行政推动机制的内涵,制定出台《上城区特殊教育发展提升行动计划》《随班就读行动纲领》《资源教室建设与运作标准》等一系列政策文件,自上而下明确孤独症儿童幼小衔接的责任主体,加大对孤独症儿童幼小衔接的资金力度,统一师资要求,协调师资安排等,保障了区域特殊教育指导中心和各幼小衔接执行主体按照职能和执行方案的规定行使相应的权力。

(二)全区一体化推进

一体化推进是区域联动机制的第二层。幼儿园和小学教育的科学衔接是推进基础教育育人体系一体化建设的重要任务,也是建设高质量教育体系的重要一环。[1]推进孤独症儿童幼小衔接一体化建设,需要建设以区域为中心的幼小管理一体化机制,形成一体化的幼小管理模式。在区建立学校联盟、探索集团化办学、实施学区化管理的相关要求下,形成了片区幼儿园和小学联合办学的模式,建立幼小一体化的管理体制,在教育行政组织衔接、培养目标、课程规划衔接、教学组织、师资聘用、培训衔接、教学环境、课外活动安排等方面都将幼儿园和小学作为一个整体对待,有效地促进了孤独症儿童幼小衔接的一体化,使得孤独症儿童幼小教育更具有层次性、过渡性和连贯性。[2][3]

(三)强化园校执行力考核

园校执行力考核是区域联动机制的第三层。如何切实"改变衔接意识薄弱"等重点任务、精准执行"幼儿园入学准备教育""小学入学适应教育"等重要举措,已经成为我国当前幼小衔接工作的重中之重。[4]上城区从区域层面出台了推进区域孤独症儿童幼小衔接的一系列政策文件,建

---

① 刘曲.幼小科学衔接落实的关键——课程一体化设计与实施[J].家教世界,2022(27):4-7.

② 李娅菲.法国幼小衔接教育制度研究[D].四川外国语大学,2013.

③ 胡春光,陈洪.法国幼小衔接教育制度的内涵与启示[J].学前教育研究,2011(09):23-27.

④ 刘慧贤,但菲.史密斯模型视角下我国幼小衔接政策的执行困境及破解之策[J].教育导刊,2022(02):59-66.

立针对幼儿园和小学的执行力度考核机制,该机制将幼小衔接工作纳入各校年度发展规划中,与学校发展年度评审挂钩,各幼儿园和小学形成责任共同体,对幼小衔接工作的目标、过程、效果等进行自评,区教育督导科组织进行整体考核。另外,区特殊教育指导中心将孤独症儿童幼小衔接的考核纳入区融合和教育执行考核中,制定《孤独症儿童幼小衔接执行考核细则》,对有孤独症儿童就读的幼儿园和小学从领导与管理、文化氛围、档案建设、课程与教学、创新项目五方面进行考核。考核优秀的幼儿园和小学在区组织的年度发展考核中优先享有评优评先的权利,极大地激发了各园校的热情,保障了孤独症儿童幼小衔接的执行效果。

二、家校(园)社协同育人

明确家校社育人职责,积极有效地推动家校社形成育人合力,有助于促进孤独症幼儿的全面发展。

(一)家校(园)社育人责任分解

科学有效的权能分配机制是家校社协同育人的关键。通过建立家校社协同联盟,制定《孤独症儿童入学护航机制》等,保障孤独症儿童幼小衔接中家校社育人权能分配机制的落实:一是明确家校社三方各育人主体对孤独症儿童的教育决策权,家校社三方在孤独症儿童幼小衔接目标制定、方案拟定上具有统一的决定权,且各自的决策权限因学生目标的达成和执行情境的转换而有所不同;二是特别强调各育人主体需严格对各自育人行动负责,围绕具体的任务明确各自的权责,避免各育人主体对育人权利"推责"和"越界";三是大力保障育人主体的育人行动,借鉴上城区的"星级家长执照"相关经验,在上城区特殊教育指导中心的指导下成立孤独症家庭教育指导领导小组,重新构筑孤独症儿童星级家长体系,保障家长的育人行动,同时以杭州市杨绫子学校为主体,发挥与街道级社会组织等多部门内外联动的优势,构筑校社支持联盟,形成家校社协同育人的整体。

(二)家校(园)社资源整合和使用

孤独症儿童幼小衔接推进中特别注重家校社三方资源的整合,为儿童的个性发展提供有力的资源保障。学校层面不仅重视课程保障、师资保障、环境保障等，还充分发挥家庭和社区社会对儿童适应学习生活所起到的重要影响作用，因此特别重视以学校为主体，牵头开展孤独症儿童基本认识及教育支持相关理念策略等内容的培训，提高孤独症儿童家长、普通儿童家长、社区人员等相关人员的专业素养。

三、以儿童发展为中心的幼小双向互动课程

双向互动是指幼儿园和小学共同构建幼小衔接实施方案，不再是幼儿园或小学单方朝另一方的靠拢，而是双方的"双向"靠拢。[①]双向互动的课程构建方式，使得幼小衔接阶段的课程始终处于动态发展之中。

幼小双向互动课程是一种制度化的活动模式，用于创建、组织和实施幼小衔接课程。该模式避免了盲目和随意的创设与实施，为幼小衔接课程提供了科学、统一的标准，使课程评价更加精准、有效。双向互动课程的顺利实施，能有效降低孤独症儿童升学过程中由环境、教育、心理等方面变化引起的焦虑和不安，降低孤独症儿童幼小衔接坡度，促进幼小衔接有效、顺利完成。幼小课程目标与内容对接、幼小课程实施方式连接、幼小课程评价多元，这三大机制保障了幼小双向互动课程的有效落实。

（一）幼小课程目标与内容对接

2021年3月31日，教育部发布《关于大力推进幼儿园与小学科学衔接的指导意见》，其中《幼儿园入学准备教育指导要点》强调以促进幼儿身心全面和谐发展为目标，注重身心准备、生活准备、社会准备、学习准备四个内容的有机融合和渗透，最大限度地支持和满足幼儿通过直接感知、实际操作、亲身体验获取经验的需要，提出科学有效的途径和方法，实施有针对性的入学准备教育。《小学入学适应教育指导要点》则以促进儿童身心全面适应为目标，围绕儿童进入小学所需的关键素质，提出身心适应、生活适应、社会适应和学习适应四个方面的内容，每个内容由发

---

① 陈莉.构建幼小联动机制，实现多方有效衔接[J].中小学校长，2016(01):24-25.

展目标、具体表现和教育建议三部分组成。两个文件从儿童发展的视角,分别对幼儿园做好入学准备教育和小学做好入学适应教育提出了具体、可操作的指导。围绕身心准备与适应、生活准备与适应、社会准备与适应以及学习准备与适应四个方面明确了发展目标、具体表现和教育建议。其中,发展目标和具体表现重点明晰了影响儿童入学准备和入学适应的关键指标和合理期望,解决"衔接什么"的问题,力求做到科学性、专业性①。幼小课程目标与内容对接是指孤独症幼儿学前课程(入学准备)与小学低年级课程(入学适应)在目标与内容方面的互动连接与融合统整。课程目标是基础性和方向性的,决定了课程内容的选择和课程实施的方式。幼小课程目标与内容对接机制的目标为帮助孤独症儿童在衔接过程中保持学习的系统性与连续性,保证课程目标的明确性与课程内容的丰富性使孤独症儿童逐渐形成对小学的适应性,保障衔接的顺利进行。

(二)幼小课程实施方式的灵活连接

《义务教育课程方案(2022年版)》特别关注到幼小衔接,要求合理安排小学一、二年级的课程内容,注重采用生活化、游戏化、综合化的学习设计,保证课程实施的科学性,减少孤独症儿童在学习方式上的不适应②。幼小课程实施方式的灵活连接是指孤独症儿童幼小衔接过程中学前教育与小学教育在课程实施方式、教育教学方法中联动的运作方式,是孤独症儿童幼小衔接教育落实的有效保障,应具有科学性、连续性、阶段性、系统性等特点。根据孤独症儿童的身心发展特点与教育需要,有效延续学前教育的课程实施方式,保持系统的连续性,减少因结构变化产生的干扰因素;结合小学课程性质,渐进式推进小学教育的课程实施,促进"幼小"双向互动,保障孤独症儿童有效、平稳过渡到小学生活。

---

① 构建幼小科学衔接机制,全面提高教育质量——教育部基础教育司就《关于大力推进幼儿园与小学科学衔接的指导意见》答记者问[J].新教育,2021(19):8-9.

② 黄小莲."课程游戏化"还是"游戏课程化"——命题背后的价值取向[J].中国教育学刊,2019(12):57-61.

第二章 区域孤独症儿童幼小衔接的运作

(三)幼小课程教学的多元评价

幼小课程教学的多元评价是指幼儿园和小学在课程实施之间定期进行互相评价,评价内容包括双方前一阶段的幼小衔接工作开展情况、取得的成效及孤独症儿童的实际适应性表现。除此之外,还可以邀请家长、特殊教育指导中心等相关人员加入评价体系,保障多元评价机制的运行。通过多元评价,幼儿园和小学在课程具体实施中可以尽早发现工作中的不足,了解双方及孤独症幼儿的真实需要,将课程目标、内容及实施方式进行动态调整,保障孤独症儿童幼小衔接工作能有效、平稳、持续、规范地落实。

四、幼小班级互联互通

幼小班级互联互通是指幼儿园孤独症儿童所在的班级与小学低年级的一个班级"打通",定期伙伴互访、资源共享、活动互融。主要包括幼小班级教师教研、幼小班级学生交流互动、效果评估三大方面。互联互通的目标是通过班级联通,多方面了解对方教育教学要点,搭建孤独症儿童衔接无障碍桥梁;班级学生融合体验,尝试为孤独症儿童提供多元的社交、学习机会,加强普通儿童对特殊儿童的关爱意识教育,为孤独症儿童衔接工作提供有力保障。

(一)统筹幼小班级教师教研

统筹幼小班级教师教研是指幼儿园教师、小学教师针对孤独症儿童幼小衔接工作中的问题共同开展教学研讨活动,主要包括相互交流、角色互换、师师结对等方式。从教师的专业发展来看,职前培养与职后培训一体化是解决幼儿园与小学教师教育衔接的重要策略,[①]职前培养有助于教师对彼此的教育模式更加熟悉,职后培训的角色互换、师师结对等方式,使教师之间交流成为常态,有利于更加了解孤独症儿童在各个阶段的发展状况与衔接所需。教师可以在互换的过程中对自己在本阶

---

① 尹芳.从教师专业化看幼教与小教教师教育衔接的策略[J].教育探索,2008(10):99-100.

段的教育表现进行深度反思,并以此作为调整和优化教育策略的依据。从幼小衔接工作开展来看,教师教研统筹有助于搭建孤独症幼儿衔接无障碍桥梁,形成系统性、连续性、科学性、阶段性的运行体系。从孤独症儿童成长教育来看,该模式有效保障孤独症儿童各阶段课程学习目标与方式的落实达成与动态调整,以促进孤独症儿童多元化发展。

(二)幼小班级学生的交流互动

幼小班级学生交流互动是指孤独症儿童所在班级与小学低年级班级定期开展同伴交流互动的融合活动。该模式规定活动的频次、主题,统筹小学的活动资源和课程资源,通过让幼小班级儿童在活动中互动、体验、互融等形式,让孤独症儿童接触不同年龄的同伴,有助于其认知、社会交往、情绪与行为等领域的发展。整体来讲,该模式增进孤独症儿童对小学的了解,使儿童的经验和情感与小学"融合",有利于儿童形成良好的心理品质,养成良好的学习和生活习惯,形成对小学的正确认识,缓解其进入小学后的焦虑,有助于降低小学低年级儿童对幼儿园生活的"依恋",更助于普通儿童对孤独症儿童的正确认识与爱心帮助,保障孤独症儿童幼小衔接的顺利、平稳过渡。

(三)效果的多元评估

效果的多元评估是指对幼小班级联通效果的评价,主要包括学校互评、家长评价、特殊教育指导中心评估等方面,评估内容为幼小班级教师互动教研、班级学生互动交流等方面的成效。学校互评有助于尽早发现自己工作中的不足,也能够同时了解到彼此的真实需要。家长评价等第三方评估有助于更为客观地评估幼小衔接的工作情况,保障联通工作的落实。整体来讲,效果的多元评估保证了幼小班级联通工作的规范评价,同时也促进了相互了解,并达成共识。

第三节 孤独症儿童幼小衔接的运作流程

为推进孤独症儿童幼小衔接平稳、有效开展以及各项政策的有效落实,上城区制订了孤独症儿童幼小衔接的运作流程,成立了由区政府相关职能部门牵头构成的区特殊教育联席会议(下设区特殊教育工作小组),4个由区特殊教育指导中心负责的专业指导委员会——特殊儿童入学鉴定委员会、融合教育推进委员会、融合教育研究指导委员会、特教学校支持服务委员会,1个由认知与学习、情绪与行为、语言与沟通、感知与运动组成的多领域资源中心,承担转衔安置的具体实施与适性指导。该运作流程包括入学发现、上报信息、诊断评估、衔接安置、个别化支持五个环节,明确了幼小衔接工作开展的具体程序,以保障孤独症儿童幼小衔接、顺利进行。

一、入学发现

在新生报名时,普通学校(幼儿园)工作人员通过现场观察和材料审核等方式,初步观察、筛选出在认知、社交沟通、情绪与行为等方面与其他儿童存在明显差异(疑似孤独症)的儿童,与家长说明情况并进一步沟通,了解儿童在日常生活中的表现,进行信息收集,并将儿童名单汇总保存。

二、上报信息

学校及时将疑似孤独症儿童的名单及材料上报至区特殊教育指导

中心,根据所了解的情况进行登记说明。学校与儿童家长进行电话联系,确认该儿童是否已进行过医学评估,若有请家长提供医学评估报告;若无则与家长沟通入学入园评估流程,区特殊教育指导中心提供支持,如评估、安置、建议等。对于存疑的家长,中心还会提供面对面的咨询服务。咨询的目的不仅在于介绍入学入园评估的过程和重要时间节点,更重要的是促使家长认识到评估工作的重要性,引导家长在接下来的评估鉴定阶段客观地提供儿童的信息[①]。

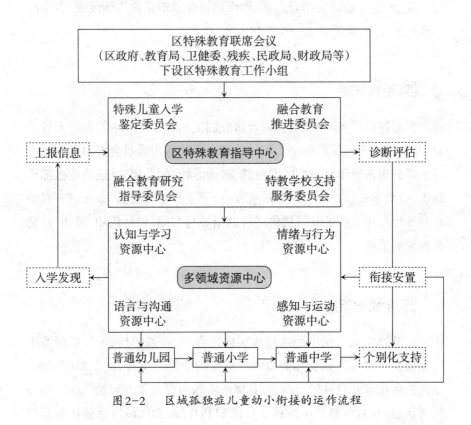

图2-2　区域孤独症儿童幼小衔接的运作流程

① 汪蔚兰.推进特殊学生入学入园评估工作的做法与思考[EB/OL].https://tpd.xhedu.sh.cn/cms/app/info/doc/index.php/91649.

第二章　区域孤独症儿童幼小衔接的运作

三、诊断评估

区特殊教育指导中心根据学生实际情况,联动特殊儿童入学鉴定委员会、融合教育推进委员会、融合教育研究指导委员会、特教学校支持服务委员会对儿童进行全方位诊断与评估,主要包括医学诊断、现场评估、综合鉴定三个环节。评估时需要儿童与家长共同参与,家长填写相应的问卷,儿童独立参与评估,旨在了解儿童实际能力水平,使鉴定结果尽可能客观、真实。若评估结果正常,则继续该儿童的正常入学流程,若诊断为孤独症儿童,则展开下一步衔接安置计划。

四、衔接安置

根据评估结果,各委员会综合研究制定出孤独症儿童的衔接安置计划,并安排到多领域资源中心实施执行。入学鉴定委员会提出的安置建议主要分为普通学校(幼儿园)就读、普通学校(幼儿园)就读后申报随班就读、特殊学校(含学前特教班)就读、缓学一年等几类[1]。多领域资源中心对普校衔接工作的开展提供适性的指导与帮助,包括认知、情绪、社交等领域的干预。

五、个别化支持

在孤独症儿童幼小衔接具体实施过程中,普通学校、多领域资源中心等根据孤独症儿童实际需要提供适性的个别化支持,促进双向沟通,使孤独症儿童课程目标与内容、具体的实施与评价等方面始终处于动态发展状态,有效保障幼小衔接工作的顺利开展,为区域内孤独症儿童提供所需的教学资源。

---

① 汪蔚兰.推进特殊学生入学入园评估工作的做法与思考[EB/OL].https://tpd.xhedu.sh.cn/cms/app/info/doc/index.php/91649.

第三章

区域孤独症儿童幼小衔接的支持保障

　　孤独症儿童幼小衔接支持体系是一个由多种要素组成的有机整体，目的在于全方位支持学前孤独症儿童顺利升入小学。这一系统里的各要素通过互通共联、协调沟通、灵活运行、相互促进，支持孤独症儿童顺利实现幼小衔接，同时建立相关的保障机制以促进支持体系的顺利运行。本章节以孤独症儿童幼小衔接理论基础为依据，构建了幼小衔接支持体系，并从政策支持、家校社支持、环境与技术支持等方面详细阐述具体的支持策略。

第一节 区域孤独症儿童幼小衔接的支持体系

一、幼小衔接支持体系构建的基本原则

孤独症儿童幼小衔接支持系统是一个经系统设计的,包含课程、资源、技术、情感等各支持要素内容的有机整体,目的在于帮助孤独症儿童顺利过渡到小学,适应小学生活。为保障支持系统构建的合理性、针对性及科学性,在进行系统构建时,主要遵循以下构建原则:

(一)系统性

孤独症儿童的幼小衔接是一个系统性的工作。在构建支持系统时,需充分发挥区域内各组织的职能与作用,整合家庭、学校、社区、社会等多方资源,形成区特殊教育资源中心、区幼小衔接幼儿园、小学、家长支持联盟之间的统筹联动,在各项保障机制的制约下,有效推进孤独症儿童幼小衔接服务工作的顺利开展。

(二)个性化

孤独症儿童具有高度的异质性,每个儿童的衔接需求可能不同。因此,在构建支持系统、提供衔接服务时,需充分考虑到服务对象的个性特质,灵活提供衔接服务内容,体现支持的个性化。例如,有的儿童需进行环境调整,有的需进行课程内容的简化或是对自我管理能力的培养等。

(三)支持性

在构建孤独症儿童幼小衔接支持系统时,要着重发挥支持性的原则,即要充分考虑到孤独症儿童所处的生态环境及影响孤独症儿童成功衔接的各要素,构建专门的幼小衔接支持小组,按照孤独症儿童的衔接

需求,为其提供包括环境支持、课程支持、同伴支持、自我支持、家庭支持、社区支持等多角度、全方位的支持。

(四)互动性

幼小衔接是一个双向衔接、互动的过程。在构建支持系统时,需充分考虑到各支持部门的互动作用,尤其需强化幼儿园、小学、家长之间的交流与协作,强化教师、家长融合与衔接的意识,并为学校教师提供相关的资源和培训等支持,科学做好孤独症儿童的入学准备和入学适应,帮助他们顺利实现从幼儿园到小学的过渡。

二、幼小衔接支持体系的构建

基于幼小衔接的理论基础与构建原则,结合区域特点及孤独症儿童幼小衔接的现状,充分考虑幼小衔接支持系统内各要素主体及要素内容,进行支持体系的构建(见图3-1)。

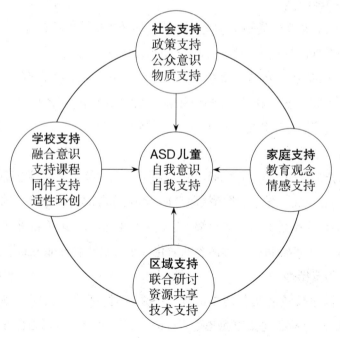

图3-1　区域孤独症儿童幼小衔接支持系统理论模型

幼小衔接支持体系以孤独症儿童为中心,融合对孤独症儿童提供服务的各要素,通过各要素对孤独症儿童直接或间接的作用,及各要素之间的相互作用,以支持孤独症儿童顺利进行幼小衔接。该体系主要包含四个方面的支持,分别是学校支持、家庭支持、区域支持和社会支持。其中,学校支持对孤独症儿童起到直接支持的作用,主要包括学校融合意识的树立、幼小衔接进阶式支持课程、同伴支持、适性环创等,家庭支持包括对父母教育观念的转变、情感支持等,助力家长树立科学的教育理念及积极的期待,并给予心理健康、情绪调节的支持;区域支持包括学校之间联合研讨、资源共享、技术支持等,社会支持包括政策支持、公众意识和物质支持等,对孤独症儿童起到间接影响的作用,主要是提高公众对孤独症儿童的接纳和进行融合教育的态度,并从政策、经费、制度等方面为孤独症儿童幼小衔接的实施提供保障。

第二节　区域孤独症儿童幼小衔接的政策支持

区域孤独症儿童幼小衔接支持体系涵盖残联、教育局、卫计局、民政局、财政局、发改经信局等多个组织机构,其中下设上城区特殊教育工作小组,建立了联席会议机制、专家委员会机制、评估与安置机制,以深入推进幼小衔接工作制度为主线,统筹协调,整体推进,并联合社区、学校、家庭资源,最终形成一个组织完善、制度健全的体系,监督、落实、指导、保障特殊儿童幼小衔接的顺利开展,促进区域内融合教育稳定、高效发展(见图3-2)。本章节将通过辖区内孤独症儿童幼小衔接的政策引领、现实分析和具体举措来阐述整个支持体系的功能目的和主要内容。

一、重要性

近年来,融合教育的理念不断更新,国家积极出台各项政策切实保障特殊儿童在普通学校享有公平、优质的教育。2020年6月,教育部印发了《关于加强残疾儿童少年义务教育阶段随班就读工作的指导意见》,对随班就读作出全面部署。2021年12月教育部等部门发布的《"十四五"特殊教育发展提升行动计划》(以下简称《行动计划》)指出,将"全面贯彻党的教育方针,落实立德树人根本任务,遵循特殊教育规律,以适宜融合为目标"作为办好特殊教育的指导思想,并将"推进融合教育,全面提高特殊教育质量"重点列出,充分凸显了国家推进融合教育高质量发展的决心和魄力。

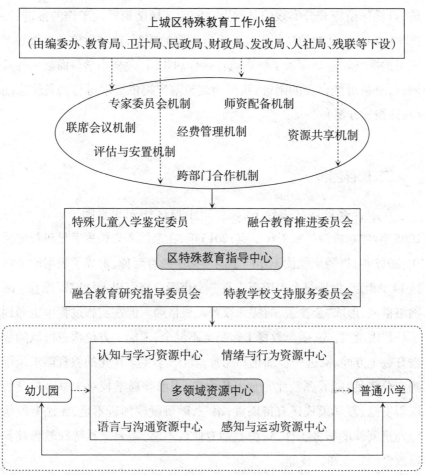

图3-2 区域孤独症儿童幼小衔接支持体系框架图

教育公平是教育决策的基本尺度①。真正实践教育公平,就是无条件接纳学区内的每个孩子,为其提供合适所需的教育服务,并且落实到教育的全过程。当前,融合教育进入一个新的发展阶段,从追求教育起点的公平走向教育质量的公平。上述诸多文件的出台为融合教育的发展奠定了良好的政策基础,但上述文件的有效执行,还需要建立在对具

———————
① 于素红,朱媛媛.随班就读支持保障体系的建设[J].中国特殊教育,2012(8):3-8.

体、可操作措施充分实践的基础上。随着区域随班就读工作的推进,特殊学校和普通学校的功能正在发生着重要的转型,这些学校是否做好了充足的准备?需要深入了解当前各融合幼儿园、融合小学等面临的现实问题,分析可能存在的困难,从而为政策落实提供科学可行的具体措施(具体指导方案)。

二、现存困境

在融合教育理念指导下,杭州市上城区率先探索随班就读工作:2005年,建立资源教室工作试点;2015年,在全国率先探索卫星班教学模式;2017年,将随班就读工作向学前与初中教育延伸,形成了辐射原上城区14个街道,保证每个街道至少有一个市级合格及以上标准资源教室的网络格局,形成"全覆盖"的特殊教育发展格局。但在实施过程中也遇到了一些困难:首先,融合教育工作制度不健全,未能全方位覆盖区域融合教育各个方面,需进一步细化和完善;其次,学生多样化的教育需求未得到充分满足,随着孤独症儿童人数增多,当前普通学校对于整合教育的课程安排、教学模式还有待探索;第三,随班就读师资不足,无法有效保障随班就读的服务工作,资源教师专业性不够,需要兼具特殊教育及普通教育的专业知识技能。

学前融合教育从20世纪初开始受到广泛关注,通过分析相应的特殊教育政策,学前融合教育的指导方针和工作原则已具雏形,但缺乏对普通幼儿园接纳特殊需要儿童的具体措施和有力保障。随着融合教育的发展,越来越多的孤独症儿童就读于普通幼儿园,但因他们自身存在的社交沟通障碍、兴趣狭隘等特点,严重影响着他们在幼儿园的学习与发展,对幼小衔接工作也提出了挑战。如何针对孤独症儿童的特点,从幼儿园阶段就开始介入,构建孤独症儿童幼小衔接体系,帮助孤独症儿童顺利从幼儿园过渡到小学,是我们需要面对并解决的问题。

三、落实与保障

目前,杭州市上城区幼小衔接融合工作已经纳入区基础教育的管理体系,由教育局统筹规划,进一步明确各幼儿园、中小学、特殊教育学校以及特殊教育资源中心的工作职责,通过成立区特殊教育工作小组和出台各项联席机制,来健全随班就读管理制度,构建网络化管理体系。经过努力,目前共有19个幼儿园建立了资源教室。建立区域性孤独症儿童幼小衔接的支持体系,旨在遵循孤独症儿童身心发展和教育规律,采用多方协作的模式,以创新改革的方式进行融合,真正解决孤独症儿童、家长以及教师在融合过程中遇到的实际问题,为孤独症儿童构建具有政策完善、资源共享、辐射面广的教育支持体系,建立孤独症儿童在普通幼儿园、小学的优质融合的长效机制,全面提高幼小衔接的质量。

区特殊教育工作小组是由区教育行政主管部门领衔成立,得到残联、人社局、民政局、财政局、发改局、卫计局、编委办等资金、人员保障,负责研究制定随班就读相关的工作安排,落实特殊教育学校的各项职能。

区特殊教育指导中心的主要职能为在全区范围内对各学段的特殊需要儿童提供服务与管理,通过开展区内特殊儿童各项教育评估工作,对卫星班和资源教室进行巡访和指导,对普通学校的资源教师开展特殊教育专业培训,促进资源共享,推进区域内融合教育实践。

多领域资源中心的职能为在融合示范学校建立的资源教室,提供特殊教育培训场地、康复设备、康复课程等。根据学生训练的内容分为认知学习、情绪与行为、语言与沟通、感知与运动等四个示范资源中心。无论是幼儿园还是普通小学的特殊需要儿童,都可以根据自身的教育的康复需求在对应点的资源中心得到专业的康复训练,提升自身的综合能力,养成良好的习惯,为更好地过渡到小学奠定基础。

第三节　区域孤独症儿童幼小衔接的家(园)校社支持体系

孤独症儿童幼小衔接现状调查结果表明,尽管幼儿园和小学都非常支持孤独症儿童的幼小衔接,但由于保障机制、资金师资、培训支持、资源缺乏等方面的困难,幼小衔接实施的效果不尽人意。为把向孤独症儿童提供转衔服务的各个组织进行有效组合,充分发挥沟通互联、双向互动的作用,由上城区特殊教育资源中心为中心点,联合上城区特殊教育研究中心、区特殊教育幼小衔接指导中心、幼小衔接示范幼儿园及小学、家长联盟等为孤独症儿童的幼小衔接赋能。本节重点从幼儿园的领导组织与架构、课程与资源的共享、教师家长的培训、区域巡回指导等方面,详细阐述区域内各组织部门如何进行联结与互动,全方位支持孤独症儿童幼小衔接的实施。

一、幼儿园的领导组织与架构

(一)功能与内容

孤独症儿童幼小衔接支持的有效落实关键在于融合教育学校中行政领导的教育理念、支持力度等。在校领导的倡导下,引领全校形成良好的融合教育气氛和取向,建立融合教育学校管理与实施体系,引导资源教师和班主任教师积极配合,为学前融合教育赋予崭新的内容,保障学前融合教育的顺利开展。

(二)架构与实施

为了推进幼儿园融合教育的工作进程,建立以园长为领导人,融合教育小组副园长为核心成员,协调资源教师、班主任教师、总务处的三级融合教育管理制度,管理融合教育相关的各项工作,设立保障融合教育实施的管理制度,负责制定幼儿园融合教育具体工作,形成领导重视、组织完备、各方参与的全校良好融合氛围(见图3-3)。

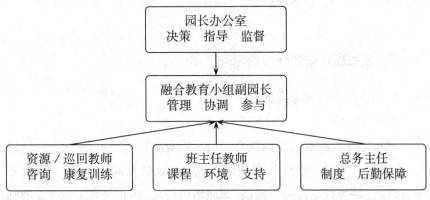

图3-3 幼儿园领导组织与架构图

园长办公室 由园长担任融合教育小组组长,规划幼儿园融合教育工作整体布局,对融合教育实施方案起到决策、监督的作用,指导孤独症儿童幼小衔接具体工作的开展,宣传融合教育的文化理念,营造融合教育的氛围,推进幼儿园融合教育的建设。

副园长 在园内组建由骨干幼儿教师、资源教师组成的融合教育小组,落实融合教育工作方案,协调各部门开展融合教育工作,进行融合教育理念的宣传,提供街道内孤独症儿童入学咨询、家长咨询。

资源教师 是普通幼儿园的特殊教育专业教师,负责园区内资源教室的运转,承担特殊儿童的评估和计划的制定,分管幼儿园内融合教育的相关工作内容,为孤独症儿童提供专业的康复训练和心理咨询等服务。

巡回教师 是指在特殊教育资源中心服务的专职教师,以巡回的方式对区域内的几所学校、家庭进行定期或专项辅导,同时也对教师、特殊儿童家长提供指导,为全区融合教育工作提供专业咨询与服务。

班主任教师 是孤独症儿童在幼儿园的直接教导者,负责制定个别化教学目标,实施融合课程,提供孤独症儿童适宜的教学资源,积极创设支持性物理环境和心理环境,促进孤独症儿童和普通幼儿的相互交流。

总务主任 负责拟定幼儿园内普通幼儿教师、资源教师的考核条例,落实融合教育教学的工作计划。主要工作包括孤独症儿童的学籍管理、课程及教学安排,以及特殊教育教材购置、教学资源购置、教师培训、教研教学创新、购买资源教室相应的设备等,为融合教育提供保障。

二、孤独症儿童课程与资源的共享

(一)课程的构建与实施

1. 课程的内涵

课程是学校教育活动的核心。由区特殊教育指导中心、联合片区幼小衔接示范幼儿园和小学、多领域资源中心团队共同研发,高校特教专家、区域特殊教育学校康复教师、巡回指导教师、幼儿园与小学资源教师等共同参与设计,构建进阶式幼小衔接课程,对课程目标及具体的评量标准做出规定,保障孤独症儿童幼小衔接课程的实施、评价与调整,满足不同学生差异性、个别化的衔接需求,提高幼小衔接课程支持的针对性和有效性。因此,由区特殊教育指导中心联合多领域资源中心基于孤独症儿童幼小转衔的实际需求,结合幼儿园《3—6岁儿童学习发展指南》及义务教育一年级学科素养要求从儿童核心素养出发,进行相关课程与资源的开发与设计。孤独症儿童幼小衔接课程主要包含基础通用性课程(如幼儿园五大领域课程和小学语文、数学等学科课程)、暑期活动性课程(如幼小体验活动、亲子活动等)和支持性课程(如言语康复训练、社会交往训练、情绪行为干预等)三大类课程,这三类课程模块内容相互促进、互为补充,共同提升幼小衔接孤独症儿童的发展水平,为顺利转衔奠定根本基础。

2. 课程的实施

在专业课程研发团队保证幼小衔接课程开发科学性、有效性的基础上,主要通过专项能力提升、暑期活动开展、学校融合推进的方式进行课程的实施。

(1)专项能力提升

对于某些功能性康复需求较大，或有严重情绪行为问题、对班级管理造成困扰的孤独症儿童，由区资源中心组织特教学校孤独症康复教师进行送教到校的服务，对其开展一对一的教育教学康复训练及行为矫正，为保障幼小衔接孤独症儿童的正常学习奠定良好的技能基础。

(2)暑期活动开展

暑期是孤独症儿童从幼儿园过渡到小学的黄金阶段，可充分发挥这一阶段对孤独症儿童幼小衔接的促进作用。区特殊教育指导中心联合片区幼小衔接示范幼儿园、小学、家长开展"团体亲子联欢""小学生活初体验"等一系列促进孤独症儿童适应小学生活的活动性课程，使孤独症儿童逐步适应小学生活，促进其顺利转衔。

(3)学校融合推进

区特殊教育资源中心与融合小学合作组织"当一天小学生"的主题活动，组织孤独症儿童提前进入融合小学、感受小学的设施环境，观看小学生的一日活动。提前对小学的时间作息进行了解与适应，并参与到开放性课堂中，体验小学课堂节奏与要求，帮助孤独症儿童更好地适应小学学习生活，提升其衔接能力。

(二)资源的共享

资源共享由区特殊教育资源中心负责，借助现代信息技术，以区域内特殊教育学校(杭州市杨绫子学校)智慧教育平台"杨绫大脑"为依托进行构建。主要包含孤独症儿童评估与教学资源库、优质幼小衔接支持案例分享、融合教育与幼小衔接相关培训讲座资源等，实现区域内资源利用的最大化。

此外，还有师资的共享，特殊教育学校康复教师、区资源中心巡回指导教师可为区域内有康复需求的幼小衔接孤独症儿童提供"送教到校"的服务；同时，区域内幼小衔接示范幼儿园、小学师资构建的认知与学习、情绪与行为、语言与沟通、感知与运动等多领域资源中心可为区域内有相应需求的幼小衔接孤独症儿童提供专项康复服务，真正实现区域内全领域资源的共享。

三、教师家长的专项培训

学校和家庭作为孤独症儿童教育成长的两大重要环境,对孤独症儿童的幼小转衔有着重要的影响。在孤独症儿童幼小衔接的现状调查中发现,尽管幼儿园和小学教师都对孤独症儿童幼小衔接持肯定态度,但在具体的课程实施过程中却存在诸多困难,例如缺乏相关的经费、专业知识与技能不足、家校沟通不畅等。因此,有必要对教师与家长开展专项培训,为其提供针对性的支持与指导。让教师和家长携手并行,共同承担起促进孤独症儿童幼小衔接的责任。引导教师和家长建立对孤独症儿童的正确认识,充分意识到幼小衔接对孤独症儿童的重要性,找到适切的教育方法,达成有效的家校协作关系,使孤独症儿童幼小衔接的困难最小化,更好地促进孤独症儿童顺利转衔。

(一)孤独症儿童教师的培训

1. 培训目的

促进孤独症儿童的融合作为高质量融合教育发展最棘手的问题,已引起了教育系统的广泛关注。教师是幼小衔接发展过程中的关键力量。目前,随着融合教育的推进,孤独症儿童幼小衔接不仅仅是班主任或资源教师单方面的工作,而是需要全校共同参与的系统性工程。在这一系统中的相关人员,如学校行政管理人员、一般教师、普通学校资源教师、影子老师(陪读)、特教学校专业教师(巡回指导老师、干预训练老师和卫星班老师)等构成了幼小衔接的融合师资。教师培训旨在为区域内孤独症儿童幼小衔接相关的多层次融合师资提供针对性的培训内容,实现普特师资专业知能互补、共同发展。

2. 内容与实施

根据教师培训调研需求,结合幼小衔接教师知识与能力的发展所需,确定培训内容及培训形式。首先是一般通识性的内容,如融合教育相关理念、特殊教育法律法规、孤独症儿童身心发展特征、行为模式等,是全体教师都需要了解的内容;在此基础上,又根据教师培训需求侧重点的不同,提供更为具体、针对性的内容,如对幼儿园(小学)一般教师提供孤独症儿童的管理策略,对普通学校资源教师提供孤独症儿童相关基本干预技术与方法、孤独症儿童幼小衔接资源的整合等相关培训内容,有效提升不同教师对孤独症儿童的认知与教育教学能力,助力孤独症儿童顺利转衔。

在培训的落实上,需借助团队的力量,加大融合教育师资培训力度,为教师搭建平台,提供全面的培训支持,让普通幼小教师的特教知识与能力、资源中心师资普教知识与能力得以发展,共同促进孤独症儿童幼小衔接目标的达成。培训主要采用"项目引领、专家指导、校级交流、以赛促教"等方式,不断提升区域内融合师资教育教学水平。

(1)项目引领

近年来,"适宜融合""幼小衔接""孤独症教育"成为教师们关注的热词,区域内学校中越来越多的教师以此为研究点开展课题研究及论文撰写。研究内容涉及学前孤独症儿童融合教育个案研究、孤独症儿童教育模式及干预方法探索、孤独症儿童幼小转衔支持服务、家长指导等多个方面,以项目课题为抓手,进行深入研究,将研究过程梳理形成研究成果,供区域内其他学校和教师进行学习和参考。此外,借助区特殊教育教研室的力量,在教师培训项目中开设融合教育、孤独症儿童教育、幼小衔接指导等相关培训项目供所需普通教师进行学习,提高教师通识性知识掌握能力。

(2)专家指导

教师培训离不开专家的指导。为提高区域内资源教师的融合教育素养,由区特殊教育资源中心牵头,开设区资源教师专业能力培训班,邀请北京师范大学、华东师范大学、浙江工业大学等高校特殊教育专家教授及浙江大学医学院附属儿童医院医生为区域内资源教师开展专项培训,提升教师的融合素养和技能。除定向培训班外,区特殊教育资源中心会不定期邀请相关专家教授等开展政策解读、高质量融合教育、孤独症儿童教育管理、幼小衔接等相关讲座,提升区域内教师对融合教育的认识,学习新思想、新方法,加强对孤独症儿童幼小衔接的专业化水平。

(3)校级交流

我区内部分学校在融合教育、幼小衔接方面有一些值得借鉴的独特

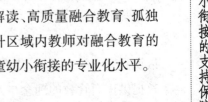

第三章　区域孤独症儿童幼小衔接的支持保障

做法。因此为充分发挥幼小衔接示范幼儿园、小学的引领作用,由区特殊教育资源中心牵头,不定期组织区域内相关教师进行参观学习、校级交流等,通过课堂展示、案例研讨、沙龙活动等多种联合教研形式进行交流、展示,总结推广优秀的融合教育实践模式和成功经验,提升区域孤独症儿童幼小衔接整体质量。

(4)以赛促教

由区特教教研室组织区域内资源教师、巡回指导教师等积极参加区特殊教育课堂教学设计评比、课堂教学展示比赛、特殊教育论文评比、自制教具展示活动等多种评选活动,激励区域内一线普通教师、资源教师等参与特殊教育教学研究,在比赛和评比中磨炼自己,提高对高质量融合教育的认识,提升自我能力。通过一次次的比赛,部分一线普通教师、资源教师等脱颖而出,在学校乃至区域内能发挥一定的示范和引领作用,带动区域内其他学校资源教师突破自我,完成自我提升。

(二)家长的培训

1. 培训的目的

家长作为孤独症儿童的主要照顾者和教育服务的直接消费者,在孤独症儿童的幼小衔接中起着重要的推动作用。普通家长对孤独症学生的接纳度、孤独症儿童家长对学校幼小衔接工作的支持与配合程度将直接影响孤独症儿童能否成功转衔。因此,需要加强对孤独症儿童家长和普通儿童家长的培训,通过主题讲座、案例分享、经验沙龙交流等形式,宣传展示幼小双向衔接的科学理念和做法,指导家长加强对孤独症儿童的正确认识,学习处理孤独症儿童同类问题的解决方法,以缓解家长的焦虑情绪,与学校携手共同促进孤独症儿童的顺利转衔。

2. 内容与实施

基于培训对象的不同,培训所提供的内容也有所不同。为普通儿童家长提供通识性培训知识,如孤独症儿童身心特征、行为模式等,帮助其认识到儿童的多样性,建立对孤独症儿童的正确看法;为孤独症儿童家长提供正面管教的理念与方法,孤独症儿童行为问题的解决策略,家长心理调试方法等,通过讲座、实践操作等参与式培训的方式保障其全程、全面地参与孤独症儿童幼小衔接过程。

由于孤独症儿童的家庭情况各不相同，家长培训需求、时间等也有所不同，因此，采用"集中培训、个别指导、媒体宣导"等相对灵活的方式对普通家长和孤独症儿童家长进行培训指导。

(1)集中培训

通过专题讲座、家庭教育经验分享交流会、亲子活动、家长交流沙龙、家长开放日活动等形式，帮助家长更新教育理念，了解孩子在集体环境中的适应情况等，建立良好的亲师、亲子关系。对普通儿童家长重点宣传融合教育理念，引导建立对孤独症儿童的正确认识，形成宽容、接纳的社会文化氛围；对孤独症儿童家长则重点学习儿童情绪行为处理、家庭干预策略等。同时，需帮助家长掌握心理调试的方法，保持稳定的情绪状态，共促儿童成长。

(2)个别指导

对于一些有特定需求的孤独症儿童家长的具体问题，如孤独症儿童特定行为问题处理、自我管理能力提升、情绪调节等，可由资源教师或巡回指导教师通过约谈、家访、电话等形式进行一对一的咨询、指导与追踪，共同商讨解决实际问题的方法，帮助家长解决孤独症儿童幼小衔接中的棘手问题，促进孤独症儿童顺利转衔。

(3)媒体宣导

随着信息技术的发展，家长交流群、微信公众平台等成为家长了解学校教育教学理念、学习先进家庭教育理念与方法的主要途径。因此，可充分发挥自媒体便捷性、即时性、碎片化的优势，为家长推送融合教育理念、孤独症儿童教育、幼小衔接准备等相关学习资源，以便家长利用碎片化的时间选择性地学习，可作为集体培训和个别指导的有效补充。

四、区域巡回指导

上城区地域广阔，教育基数庞大，鉴定在册的随班就读中小学生有172人，但区域内随班就读学校发展不均衡，水平参差不齐。孤独症儿童

的幼小衔接是一个系统工程,需专门的指导中心进行针对性指导与引领,以促进区域内学校融合教育质量的整体提升。由于区域内学校融合教育文化、孤独症儿童幼小衔接服务体系的差异性,所需巡回指导服务的内容各不相同,因此需在共同巡回指导的基础上,提供针对性的个别建议与服务内容。我区主要以"巡回指导、联合教研"的方式推进区域孤独症儿童幼小衔接服务工作。

(一)巡回指导

区特殊教育指导中心安排每月一次的全区孤独症儿童幼小衔接幼儿园、小学的巡回指导,从整体上把控各学校对孤独症儿童幼小衔接支持服务体系的实施情况。区特殊教育资源教师安排巡回指导教师在学期初为幼小衔接孤独症儿童开展全面的评估并参与个别化支持计划的制定,同时巡回指导教师进行每周至少一次的巡回服务,了解资源教师支持服务计划的实施进度、存在的困难等,共同商讨解决策略。区特殊教育学校孤独症康复教师每周根据孤独症儿童康复需求进行送教到校服务,为幼小转衔孤独症儿童提供针对性的专业康复训练。此外,每学期由区特殊教育指导中心牵头,借助专家资源、社会资源、普特资源等,为区域内幼小衔接学校教师、分管领导、资源教师、任课教师等提供针对性的培训及优秀经验分享交流的机会,提高区域内教师的融合素养与孤独症儿童教学技能。通过这种全方位全过程的巡回指导、支持与服务,助力区域内孤独症儿童顺利转衔。

(二)联合教研

教研是促进教师专业成长的必经之路。由特殊教育研究中心组织,区特殊教育资源中心落实,定期组织区域内幼小衔接幼儿园、小学分管领导、资源教师、特殊教育学校教师等开展联合教研活动。通过主题讲座、教学观摩、参观交流等形式,提升区域内教师对孤独症儿童的认知、学习孤独症儿童教学策略等,促进资源教师的快速成长。

第四节 区域孤独症儿童幼小衔接的环境与技术支持

在相关政策保障和区域资源整合下，区域孤独症儿童幼小衔工作开始有计划地开展和实施。首先是为孤独症儿童营造优质的教育环境，其次是为融合幼儿园的教师和学生家长提供专业的教育支持。本章节将从上城区孤独症儿童融合实践出发，从环境支持、安置形式、辅助技术支持三个方面来阐述孤独症儿童幼小衔接体系的构建。

一、环境支持

融合教育强调最小限制的环境和最大程度的支持。为了达到真正的融合，除了做好行政支持，还要做好环境支持、课程支持、教学支持等，其中环境的支持体现在物理环境、心理环境。在融合教育环境建设中，各职能部门需要相互支持与配合，通力合作，不断完善幼小衔接的支持保障体系。

(一)调适物理环境

1. 教学区创设

教学区是幼儿园教学环境中的核心区域[①]，是普通幼儿和孤独症儿童共同学习的场所，对教学空间进行整体功能分区与布置，为孤独症儿童划定明确的活动空间和学习空间，帮助他们更好地适应教学环境减少焦虑情绪，有效减少他们的问题行为。通常我们将教学区分为集体教学

[①] 胡晓毅.孤独症儿童教学环境创设[M].北京:北京师范大学,2019.

区、小组教学区和个人活动区,集体教学是较常用的组织形式,小组教学区可以和集体教学区共用一个区域,只需要根据教学安排灵活变动桌椅。此外,还可以根据实际需求在教学区内设置专门的休闲区,放置懒人沙发或者沙袋等柔软的物品,当孤独症儿童感到压力或发生情绪行为时,能有一个安全的隔离区域,保证自身和其他儿童的安全(图3-4)。

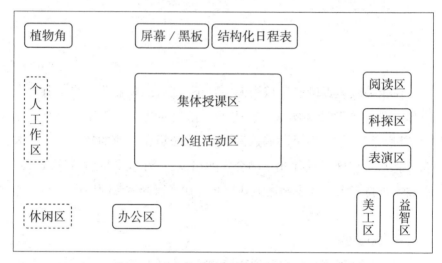

图3-4　融合幼儿园教学区的区域划分图

在教学环境的创设中,要充分考虑到孤独症儿童的感官特点,他们普遍是视觉偏好者,因此结构化的教学环境,更容易增强孤独症儿童的理解力。结构化的教学包括视觉提示、程序时间表、个人工作系统等。在进行结构化的创设时,教师需要随着儿童的认知发展和实际需求变化,适时调整环境。

视觉提示　孤独症儿童一脱离教师的辅助,就容易出现进班后不知道要做什么,要按照什么顺序去做的情况,因此要在班级门口设置进班常规流程图,如(1)问好;(2)放书包;(3)脱、换衣服;(4)洗手,准备上课。通过教师指导、辅助儿童完成进班的流程,帮助学生建立常规。针对孤独症儿童的能力,可以采取文字和图片相结合的方式。在集体教学区,根据不同区域的划分,设置醒目的视觉提示,帮助孤独症儿童建立游戏、阅读、操作玩具的常规。通过一系列的常规性活动操作,培养孤独症儿童在集体环境中的自理能力。

程序时间表 教师在班级可以设置程序时间表,告知幼儿今日的活动流程,帮助他们建立时间概念,明确在每日或某时所要进行的活动,以及进行这些活动的先后顺序[①]。孤独症儿童缺乏灵活性,常常在转换程序时遇到困难,无法适应或不能接受变化,教师可提前预告他们,让他们有准备去面对变化,有助于他们安全感的建立,减少不良情绪的发生。

个人工作系统 个人工作系统是帮助孤独症儿童提升独立工作能力的系统,包含了视觉提示、常规操作、任务流程图3个要素,一般包含3—4个任务,任务领域包括认知类、精细动作类、生活技能类等等,具体内容按照孤独症儿童能力水平设定,如在1—2项精熟的任务中,穿插1—2项有难度的任务。在独立工作时,教师首先为孤独症儿童下发个人操作板,学生按照从上到下的顺序依次拿取自己的任务卡,完成第一个后再完成第二个、第三个,直至完成所有的任务,儿童将个人操作板上的任务卡还给教师,教师按照幼儿完成的情况给予反馈,兑换相应的强化物。孤独症儿童掌握了个人工作系统的流程后,可以为后续进入小学做好积极的准备。

配备资源教室 资源教室是在普通幼儿园或学校建立的集教材、专业图书以及玩具、教具、康复设备于一体的专用教室,它具备为有特殊教育需求的儿童提供咨询、个案管理、教育心理诊断、实施个别化教育计划、提供教学支持、学科补救、康复训练的功能。此外,融合幼儿园一般会配有感统教室,资源教师能够在感统教室中引导孤独症儿童进行感统训练、沙盘游戏等。

(1)功能与目的

校园环境构建的核心是教育环境与人文环境的和谐统一。通过在校园内开展融合结对活动来渗透融合理念,营造良好的融合教育生态环

① 郑芳,孔玲.孤独症儿童教育康复研究与实践[M].济南:山东教育出版社,2021.

第三章 区域孤独症儿童幼小衔接的支持保障

境,提升普通教师的融合意识。推动幼儿园和融合教育小学结对,成立幼小转衔合作共同体。借助特教专家资源开展特殊儿童家庭康复讲座,引导家长关注孤独症儿童早期干预,帮助儿童建立良好的行为习惯,了解小学阶段的入学准备要求,缓解家长和儿童的心理压力,系统的衔接能够助力孤独症儿童幼小衔接的顺利过渡。

（2）内容与实施

融合背景下的幼儿园是孤独症儿童在校期间重要的环境场所,他们在这里接受来自物理环境和心理环境的教育和熏陶。物理环境是教育活动服务的各种物质存在,是活动开展的前提和条件。而心理环境是弥漫在教育活动中的氛围,如幼儿园对孤独症儿童的接纳程度,幼儿园教师对孤独症儿童的态度,普通幼儿与孤独症儿童的关系,幼儿园教师对家长的理解程度等,心理环境也直接影响儿童良好品格的塑造。我们通过调试物理环境、创设心理环境、提供课程与教学的支持策略等方面来推进融合文化在幼儿园的落地。

（二）创设心理环境

幼儿园融合文化心理环境的创设体现在教师对孤独症幼儿的包容度、同伴对孤独症儿童的接纳度。从园长层面,要认同融合教育理念,明确其教育的功能以及了解具体的融合步骤,并能全方位地支持和推行融合教育,领导的支持是保障幼儿园顺利开展融合教育的关键因素。

1. 宣传融合理念,提升融合意识

幼儿园应将融合教育理念作为广泛共识,积极宣传融合教育理念和方法,利用园内广播、公众号、教室板报、楼道环创等方式来宣传融合教育,营造良好的园风、学风,结合幼儿园的特色,树立优秀融合的教师和幼儿典范。开展丰富多彩的人文活动,增进学生之间、师生之间的联系,并开办相关融合主题活动、家长开放日活动等,促进普通儿童家长和特殊儿童家长之间的沟通。通过组织区内优秀资源教师、特殊教育教师的线上培训、线下研讨等联合教研活动,提升全园教师的融合教育理念,并掌握孤独症儿童相关教学技能。

2. 发挥同伴作用，引导幼儿接纳包容

在融合幼儿园，通过引导普通儿童和孤独症儿童同伴结对，增进普通儿童对特殊儿童的认识和感知，了解孤独症儿童的特性，能更好地帮助普通儿童接纳、包容孤独症儿童，更好地观察到他人的需求，培养普通儿童对弱势群体的关心、关爱。在融合班级里，孤独症儿童也并非总扮演需要他人照顾的角色，也可以是同班幼儿学习的榜样，有些孤独症儿童有较强的绘画天赋、音乐律动、物品整理能力，也可以成为普通儿童崇拜的对象。

3. 创建幼小衔接合作共同体

强化衔接意识，融合幼儿园与融合小学协同合作，建立有效衔接合作共同体，做好入学准备和入学适应。融合小学按照招生片区，对接片区内所有幼儿园、康复机构。幼儿园邀请融合小学的教师来园参与各项融合活动，增进对孤独症儿童的了解，加强学校之间的交流合作，为孤独症儿童的顺利过渡保驾护航。

4. 构建特殊儿童家长交流平台

家长通过实地观摩融合幼儿园，了解融合教育的理念、融合课程的内涵、融合设计的理念等，学习科学的育儿观念，改变对孤独症儿童的片面认知，针对性培养。幼儿园借助特教专家、专业康复机构的讲座活动等搭建家长交流平台，相互分享在养育孤独症儿童过程中的心得体会，为家长提供可参考的策略。

二、孤独症儿童安置形式

优秀的幼儿融合课程是针对孤独症儿童全领域发展而设计的，需综合考虑儿童的身体状况、认知水平、语言能力、社交能力等方面。融合要分阶段进行，不同阶段有不同阶段的重点，阶段性目标与长远性目标要匹配，根据孤独症儿童的个体情况，可以将安置形式分为抽离式融合、加入式融合、半日式融合等。

1. 抽离式融合

抽离式融合是指孤独症儿童能力较好,大部分时间在普通班与普通儿童一起生活、游戏,参与教学活动①,小部分时间去资源教室进行个别领域训练,如沙盘游戏治疗、感觉统合训练等。班主任教师在关注整体兼顾个别的原则下,为孤独症儿童调整教学内容的深度和难度,简化学习任务,以适合他们的教学目标。在集体授课时,对有言语障碍或者感知觉障碍的孤独症儿童,在评价时要采用多样化的教学评价方式,综合评价儿童的表现,鼓励孤独症儿童积极参与班级活动,依据表现及时给予反馈,并给予正向的引导。

2. 加入式融合

加入式融合是指孤独症儿童无法全面进入普通班级上课,大部分时间在资源教室生活学习,小部分时间在普通班级。学习可以结合幼儿的个人兴趣和能力情况参与课程,例如有的孩子喜欢绘画,融合课程就从绘画课开始;有的孩子喜欢大运动,就从户外游戏开始。各街道幼儿园也可根据实际招收的孤独症儿童人数,设立孤独症儿童小组课程,可以从一定程度上减轻幼儿园教师资源紧缺的压力。

3. 半日式融合

半日式融合是指孤独症儿童半日在幼儿园生活,半日在其他专业医疗或康复机构训练。处在这一阶段的孤独症儿童的主要任务是尝试熟悉集体环境,体验幼儿园的集体生活。他们进入幼儿园首先会面临安全感的缺失,使得他们感到焦虑、恐惧,表现出不适应,因此对于处在这一阶段的儿童,教师应该更多地给予他们安全感,运用多种方式让他们逐步喜欢幼儿园。

---

① 王燕华.幼儿园如何接纳特殊需要儿童——融合教育工作经验篇[M].北京:北京大学出版社,2011.

三、孤独症儿童辅助技术的应用

学龄前是幼儿获取知识、掌握各项技能的关键时期,也是早期干预的最佳时期。然而,处于这个阶段的特殊儿童,在普通学校中由于受到各种环境限制以及缺乏支持性的学习环境,导致他们原本可以发展出来的各种能力得不到充分的发展机会,使用辅助技术可以创造各种条件来支持特殊儿童的发展。

(一)辅助技术的内涵

目前,国外已有各种辅助技术或辅具大量应用于特殊儿童的日常生活、学习、工作等各个领域,帮助他们具备更好的学习能力,更加独立、自信地参与集体活动。2004年新版的国家标准《残疾人辅助器具分类和术语》中对"辅助器具"的定义为:"由残疾人使用的,特殊生产的或通常可获得的用于预防、代偿、监测、缓解或降低残疾的任何产品、器具、设备或技术系统。"[①]

(二)辅具的功能

在融合班级管理或日常教学中,我们可以使用一些辅具来帮助孤独症儿童更好地掌握知识和技能,按类型可分为:感官类辅具、行动及摆位辅具、辅助沟通系统、日常生活辅具、学习辅具、休闲娱乐辅具、计算机辅具、环境改善和支持等(表3-1)。

表3-1　辅具类型及功能一览表

辅具类型	辅具名称及主要功能
感官类辅具	1.扩视机、放大镜、望远镜:针对儿童的视觉障碍中的看不清。 2.点字书、语音书、盲杖:针对儿童视觉障碍中的看不见。 3.助听器、扩音设备:针对儿童听觉障碍中的听不清。

① 国家标准GB/T 16432-2004.参加人辅助器具分类和术语[S].北京:中国标准出版社,2004.

孤独症儿童幼小衔接的理论与实践探索

辅具类型	辅具名称及主要功能
行动及摆位辅具	1.电动轮椅:针对行动不方便的儿童。 2.摆位椅:刺激孤独症儿童的感觉系统,提高孤独症儿童的注意力。
辅助沟通系统	1.辅助沟通系统(AAC):帮助孤独症儿童建立与他人沟通的桥梁。 2.图片交换系统(PECS):用图片交换来表达沟通目的。
日常生活辅具	1.加粗柄的餐具:便于儿童独立进餐。 2.携带式马桶:便于儿童解决大小便问题。
学习辅具	1.各种学习软件、教具学具:协助孤独症儿童完成学习活动。 2.握笔辅具:帮助孤独症儿童更好地掌握握笔。
休闲娱乐辅具	1.特殊设计的玩具类:使儿童便于掌握游戏规则,参与游戏。
计算机辅具	计算机辅助输入装置、替代鼠标。
环境改善和支持	以"学校环境"为主的辅具:轮椅斜坡道。

第四章

区域孤独症儿童幼小衔接的课程建构

　　本章围绕区域孤独症儿童幼小衔接过程中"衔接什么""如何衔接"的关键问题，介绍了非标准化检核式评量课程的编制。课程以孤独症儿童幼小衔接所需素养为开发主轴，进行课程理念的顶层设计、课程目标的具体化与评量标准的设定，课程探讨孤独症儿童幼小衔接的具体实施，倡导以儿童为中心，支持为导向，按需设置个性化教育方案。最后，依据孤独症儿童幼小衔接所必经的幼儿园大班、暑假和小学一年级三个相互联接的阶段，探索了不同阶段课程的具体实施，保障幼小衔接的阶段性、联结性、有效性。

第一节　基于孤独症儿童幼小衔接的课程设计

　　孤独症儿童幼小衔接课程为幼小衔接的顺利开展提供依据与参考，成为教师"教"与学生"学"的纽带，课程为教师的"教"提供具体内容，为学生的"学"指明具体目标，让幼小衔接得以顺利完成。幼小衔接课程的编制根据孤独症儿童的幼小衔接需求进行目标体系建构，可在教学前、中、后使用，与教学目标和教学内容相联结，评价采用支持层级评定。在幼小衔接课程的具体落实上，以衔接时间为序采用进阶式发展，学生的课程评估以课程本位评估及表现性评估相结合有机推进。

一、课程理念

　　孤独症儿童幼小衔接课程的理念直接关系着课程目标的建构、课程内容的生成、课程实施的发展和课程评估的推进。课程理念包括指向核心素养、探究最少限制、推进融合教育发展。

（一）指向核心素养

　　学生核心素养主要指学生应具备的，能够适应终身发展和社会发展需要的必备品格和关键能力。国家将核心素养分为文化基础、自主发展、社会参与三个方面，综合表现为人文底蕴、科学精神、学会学习、健康生活、责任担当、实践创新六大素养。[①]核心素养是整合发展的，当面对问题或任务时，能运用已有的知识能力、态度信念等进行应对。孤独症

第四章　区域孤独症儿童幼小衔接的课程建构

---

　　① 核心素养研究课题组.中国学生发展核心素养[J].中国教育学刊.2016(10):1-3.

儿童幼小衔接课程指向其核心素养培养,以普通儿童身心发展为参照、孤独症儿童的适应性发展为重点,进行课程目标体系的构建,支持孤独症儿童顺利完成幼小衔接。

(二)探究"最少限制"

"最少限制"在特殊教育的发展中常指最少受限制环境,即根据特殊学生的能力,将其安置在尽可能融合的、更接近常态的环境中接受教育,并提供必要的支持和辅助。[①]借用"最少限制"的原则,在课程目标内容定位上,旨在支持孤独症儿童适应普通小学的生活,并基于孤独症儿童个性心理行为特征予以设定,让每个孤独症儿童拥有适应小学生活的基础能力。

(三)推进融合教育

融合教育是特殊教育的发展趋势,融合环境的开放性、自然性让孤独症儿童的社交沟通、行为灵活性得到更好的发展,所习得的素养可以在自然情景中更好地精熟与泛化。幼小衔接课程的发展在融合教育中强调从成长性思维和支持的视角,发展课程的目标体系及课程评量标准,相信孤独症儿童通过适性支持可以得到更好的发展。从实践落实上,为孤独症儿童更好地融入普通小学提供多元支持,为其融合提供先备能力和可持续发展的基础。

二、课程目标体系及评量

课程目标体系及其评量标准是课程建设的核心,在文献搜集、区域调研、专家咨询等方法的运用下生成,课程共有三级编码,其中一级目标涵盖五大领域、二级目标涵盖21个项目、三级目标涉及125个项目,并以支持为导向进行了评量标准的设定。

---

① 曾松添,欧小云."最少受限制环境"下美国以融合为导向的多元安置实践及启示[J].现代特殊教育,2019(7):73-75.

(一)课程目标的编制依据

聚焦普通儿童与孤独症儿童的幼小衔接内容,参照普通儿童的发展规律,以孤独症儿童能力发展为出发点,构建课程目标体系。2021年国家颁布的《幼儿园入学准备教育指导要点》《小学入学适应教育指导要点》(以下简称《指导要点》)提出幼儿园、小学要支持儿童做好身心准备、生活准备、社会准备、学习准备,[1]虽然幼儿园和小学对儿童的支持领域相同,但在发展目标上呈阶梯式发展。国家的《指导要点》为孤独症儿童幼小衔接目标的发展提供了重要参照。同时,比较了相关课程本位评量系统,如徐胜等人的《孤独症儿童发展本位行为评量系统》,将幼儿的衔接内容划分为进入技巧、团体技巧、学习技巧和控制能力四大方面。[2]而黄伟合等人所译的《VB-MAPP》里的衔接内容涉及负面行为、教学控制、教师规则、集体技能、社会行为、社交游戏、学业任务、技能泛化、强化物、新技能的习得与维持、自然环境学习、自发行为、自我玩耍与休闲、自理、对变化的适应等具体内容。两者在内容上有一定的共通性,如社交、学业习得准备、生活自理、课堂规则等,两者也从发展与功能的角度为孤独症儿童的幼小衔接课程内容设定提供了重要参考。相关文献也表明注意力、社交适应、情绪行为适应等方面助力孤独症儿童顺利幼小衔接的重要性。[3][4][5][6]

---

① 中华人民共和国教育部.教育部关于大力推进幼儿园与小学科学衔接的指导意见[EB/OL].http://www.moe.gov.cn/srcsite/A06/s3327/202104/t20210408_525137.html.

② 凤华,徐胜.自闭症儿童发展本位行为评量系统[M].重庆:重庆大学出版社,2019.

③ 周世琴.融合背景下自闭症儿童入学适应与支持个案研究[D].华东师范大学,2018.

④ 石宁宁.自闭症儿童幼小转衔期自我决定课程设计与实施研究[D].重庆师范大学,2018.

⑤ 魏勇刚.近二十年学前融合教育研究综述[J].幼儿教育(教育科学),2020(3):49-54.

⑥ 赵真,杨福义.台湾学前特殊儿童转衔服务模式及其启示[J].绥化学院学报,2016(1):11-14.

(二)课程的领域划分

孤独症儿童幼小衔接是为了实现孤独症儿童从幼儿园到小学的成功过渡,指向其适应小学一年级所必需的先备能力的培养,让其在普通学校能生活、能学习、能交往。根据相关政策和区域调研,在专家指导的基础上建构了孤独症儿童幼小衔接课程的五大领域,分别是自我服务、社会交往、沟通、情绪行为、学习适应。五大领域以孤独症儿童发展视角生成,以改善其核心障碍,支持其顺利衔接为目的。

自我服务领域是实现孤独症儿童幼小衔接的基础领域。儿童只有生活更独立,能管好自己的事情,才能更好地融入小学生活。具体内容从简单的生活自理,即独立饮食、穿衣、如厕等生活自理技能逐步到更高阶的内容,如能注重安全、物品整理等自我管理素养。

社会交往一直是孤独症干预的关键领域,涉及解决如何与人友好相处的问题。研究表明,孤独症儿童在社会交往中存在缺乏交往的动机、缺少礼仪性的微笑与问候、回避目光的接触、对同伴的语言和手势缺乏回应互动、缺乏分享共情、不懂一般的社会准则等障碍,这些障碍严重影响了孤独症儿童正常的认知、情感及社会性的发展,阻碍其人际交往,致其难以融入小学生活。[1]

言语沟通领域与社会交往领域联系紧密,适性沟通有利于社会交往的顺利开展,本课程的沟通领域主要涉及一系列沟通技巧,如表达需求、主动发起、维持沟通、描述简单事件、运用简单句表达自己的想法、换位思考等。

情绪行为领域是实现孤独症儿童幼小衔接中的重要领域,从现有孤独症儿童的研究看,情绪行为一直也是大家关注的重点,不仅关系孤独症儿童的个人发展,也是与他人相处时需发展的必要内容,在区域调研中,该部分的发展需求较高。孤独症儿童的情绪行为问题可能兼具内外部原因,如感官知觉异常、适性社交沟通等能力的缺失,缺乏有效的环境

---

① 程志军,杜幼红,马伟娜.近十年我国孤独症儿童社会交往研究的文献分析[J].健康研究,2018(2):158-161.

支持等,但情绪的稳定与调控、行为问题的避免或减少成为课程发展的重要目标,有利于孤独症儿童适应性的提升,同时促进他人接纳程度的良性发展。

学习适应领域指孤独症儿童从幼儿园向小学过渡时,能调整自身状态以适应新的学习环境,并且取得良好学习效果的能力。[1]该领域聚焦孤独症儿童的学习习惯、学习调整、学习态度、学科基础能力等内容,以支持其适应小学生活,形成小学学习的基础先备能力。

(三)具体内容

本课程共设三级目标,五大领域是课程的一级目标,为课程指明了方向,二级和三级目标更具体地进行了课程目标的层层细化,具体目标体系见图4-1。

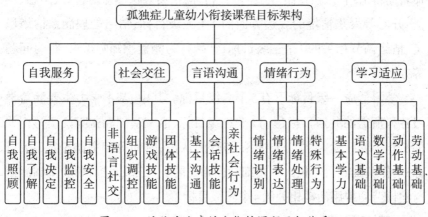

图4-1　孤独症儿童幼小衔接课程目标体系

"自我服务"一级目标下设5个二级目标。其中,自我照顾涵盖独立饮食、如厕、穿脱衣物、个人整洁等8个三级目标,指向生活自理层面;自我了解及对自己基本情况的认知,涵盖年龄、性别、就读学校、家人电话、自己的喜好优点等6个三级目标;自我决定涵盖选择与行动相关的4个三级目标;自我监控涵盖管理自己的物品等自我管理类的6个三级目标;

① 郑青青.幼小衔接视角下小学一级新生学习适应问题及对策研究[D].沈阳师范大学,2019.

第四章　区域孤独症儿童幼小衔接的课程建构

自我安全涵盖用水、玩耍、人身安全等6个三级目标。

"社会交往"一级目标下设4个二级目标。其中,非语言社交涵盖用眼神、手势、物品分享等方式的社交技能共6个三级目标;组织调控涵盖在社会交往中对自己行为管理的7个三级目标;游戏技能涵盖从单独游戏到合作游戏共4个三级目标;团体技能涵盖在团体活动中的4个行为规范类的三级目标。

"言语沟通"一级目标下设3个二级目标。其中,基本沟通涵盖表达需求、问好、求助、简单描述等6个三级目标;会话技能涵盖轮流说话、社交距离、社交接触、适当音量等5个三级目标;亲社会行为涵盖主动要求互动、礼貌待人、主动分享,表达赞美等8个三级目标。

"情绪行为"一级目标下设4个二级目标。其中,情绪识别涵盖指认、命名简单情绪、区辨情绪等3个三级目标;情绪表达涵盖对喜好、困惑、难受、开心等聚焦情境的表达方面的4个三级目标;情绪处理涵盖情绪稳定、情绪调节相关的4个三级目标;特殊行为涵盖感知觉需求、行为问题等方面的5个三级目标。

学习适应一级目标下有5个二级目标。其中,基本学力主要涵盖学习各科所需的共通目标,共14个三级目标;语文基础涵盖听说读写相关的5个三级目标;数学基础涵盖与数的认识、时间等相关的5个三级目标;动作基础涵盖与粗大和精细动作相关的8个三级目标;劳动基础涵盖与学校劳动常用活动相关的4个三级目标。

(四)评量标准

课程一般以学生的表现作为评量标准,即学生达成学习内容的质和量。本课程从支持的角度出发,认为幼小衔接课程目标可以通过一定的课程教学调整在支持下完成,同时参考DSM-5中按照孤独症儿童所处社会环境的接纳度和所需要的支持程度的分类标准,将本课程评量标准采用"支持层级"划分,分数从高到低分别为无须支持3分,需少量支持2分,需大量支持1分,无法完成0分。大量支持涵盖环境、肢体辅助及长期的辅具辅助,少量支持包括视觉辅助、言语辅助、手势辅助等。

三、课程的实施

如何达成幼小衔接的课程目标是课程实施落地要解决的关键问题，而幼小衔接中幼儿园、小学存在着学习梯度的变化，因此课程实施采用进阶式衔接，以基础性课程、支持性课程、活动性课程三大模块推进其落地。

(一)进阶式衔接课程发展

幼小衔接按照时间及学习内容的进阶发展分为三个阶段：幼儿园大班时期、暑假时期、一年级。幼儿园大班到暑假是幼小衔接的能力提升阶段，为一年级的生活做准备，暑假到小学是幼小衔接的逐步适应阶段。整个课程分为三大模块，一是以幼小已有的课程进行通用设计的基础性课程，二是在幼小全程可以进行全面开展的活动性课程，三是依据个性需求进行优势导向的支持性课程。在课程实施时，共通性发展与个性化干预结合。幼儿园时期依据该阶段学习模式进行五大领域课程的主题教学，一日活动有机嵌入，然后设计小学生活动初体验的活动。暑假时期对幼儿园时期的能力继续提升，并提出小学生活再体验及团体亲子活动等建议；在小学进行期初适应活动的组织，在学科课程中渗透衔接的内容，个案通过参与集体活动提升小学适应能力。课程内容按照由易到难进行设计，课程组织上，集体融合课程比例在趋势上增加，小组与个训比例减少，比例依据个体需求而定。课程实施图见图4-2。

(二)具体课程模块介绍

1. 基础性课程

(1)概念界定：基础性课程指国家课程标准所规定的具体科目，在幼儿园阶段实施五大领域课程(健康、语言、艺术、社会、科学)，小学阶段实施学科教学(语文、数学、科学、英语、道德与法治、心理健康等)。

(2)与幼小衔接课程的关系：基础性课程中涉及的幼儿园五大领域课程依据《3—6岁儿童学习与发展指南》开展，小学各科目依照国家各科课程标准实施，聚焦核心素养，与幼小衔接课程存在共通性，幼小衔接课程的内容可以在基础性课程中渗透。

第四章　区域孤独症儿童幼小衔接的课程建构

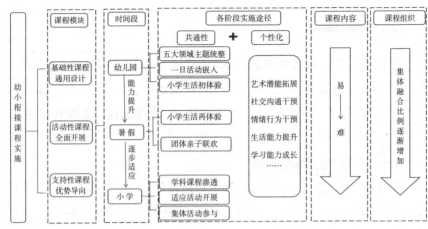

图4-2　进阶式衔接的课程体系

（3）实施方式：基础性课程是幼小阶段的常规课程，将幼小衔接课程目标融入的最佳方式是通用设计。通用设计（Universal Design）这一概念首先由北卡罗来纳州立大学的Ron Mace于20世纪80年代在建筑和产品开发中提出，自20世纪80年代中期起，研究者开始将通用设计的概念运用到教育领域中，从课程设计之初就考虑学生的多样化需求，运用通用设计的原则（见表4-1）来保证能力不同的学生参与课程，并取得进步和发展。①综上，通用设计给予幼小衔接课程目标与基础课程相关联的实施路径，让幼小衔接能依据个体差异需求进行落实。比如在《3—6岁儿童学习与发展指南》中健康领域关于"良好生活与卫生习惯"目标中5—6岁儿童"每天早晚主动刷牙，方法正确"的子目标与我们衔接目标中的独立洗漱契合；在进行课程目标设定时，先经课程评估，依据学生需要支持的力度进行制定。例如在刷牙目标下，若学生自我管理不足，可以设定"打卡"支持；若学生不会，可以肢体支持；若学生遗忘步骤，可进行视觉支持。因此，在通用设计的理念下个体都能参与课程，且课程的最终目标是让支持层级逐步降低。

---

① 孙美丽，申仁洪.美国特殊教育课程融合取向的设计模式及启示[J].青海民族大学学报（教育科学版），2011(2)：89-94.

表4-1　通用设计原则

原则	次级指导准则
1.提供多种教学内容呈现方式	1.1提供感知的多种选择
	1.2提供语言和符号的多种选择
	1.3提供理解的多种选择
2.提供行动和表达的多种方式	2.1提供身体行动的多种选择
	2.2提供表达的技巧和流利性的多种选择
	2.3提供执行功能的多种选择
3.提供多样的参与途径	3.1提供激起兴趣的多种选择
	3.2提供支持持续努力和坚持的多种选择
	3.3提供自我控制的多种选择

2. 支持性课程

（1）概念界定：支持性课程旨在基础性课程渗透幼小衔接目标之外，对个体需进一步提升的能力及可开发的潜能进行个性干预。如孤独症儿童的社会交往技巧、行为问题改善、生活技能训练、艺术潜能拓展等。

（2）与幼小衔接课程的关系：支持性课程的目标一部分源于幼小衔接课程，为孤独症儿童融入小学而进行能力提升，目标是为孤独症儿童提供个性化的支持；一部分是依据个体的优势进行潜能开发，比如音乐、绘画、数学、机械空间等孤岛能力的发展。[①]

（3）实施方式：优势视角的提出立足于对病态模式的反思和批评，传统病理学角度关注的焦点是个体所存在的缺陷与不足，聚焦问题，忽视个体的整体发展。优势视角意识到每个人生活的复杂性和独特性，寻求个人和公共的资源，供个人用来重塑自己的生活。由对个体所存在缺陷与不足的关注，转变为聚焦个体所具有的优势和资源，进而有意识地发掘和培养个体的潜在能力，强调人的价值与尊严，形成自我持续成长能

---

① 曹漱芹.孤独症群体的孤岛能力[J].心理科学进展,2013(8):1457–1465.

力。因此优势视角的核心价值为优势发现与表达,核心动力在于产生希望与可能,描绘更好的未来或生活品质的画面,找到潜能开发的方法。[①]孤独症儿童的支持性课程首先着眼于发展学生优势能力,如课程评估后,可以先发展学生需少量支持的目标,让目标更易习得,学生更容易产生自信心。支持性课程多存在于小组形式或个训形式,因此对个体的深入了解更利于优势视角的发展,比如利用个体的优势学习通道开展学习,利用其偏好物进行课程设计,促进个体主动参与等等。

3. 活动性课程

(1)概念界定:活动性课程指在融合背景下以所有儿童的发展为中心,让儿童在活动参与中习得能力的课程。创设利于所有儿童共通性的幼小衔接活动,同时也依据孤独症儿童的个性需求设计个性化活动。

(2)开展目的:活动性课程多以集体融合、孤独症儿童生态圈为主,将幼小衔接的目标融入每个活动,让孤独症儿童能在活动中具身体验,在自然情境中学习,提升泛化能力,也增进师生、同伴、家长等对孤独症儿童的认识与接纳。

(3)活动分类:依据幼小衔接中的场域及时段,将活动分为嵌入式活动、适应性活动、亲子式活动。嵌入式活动基于嵌入式教学,即选择合适的嵌入时机,将幼小衔接的目标随机嵌入一日生活、日常活动和活动转换中,促进孤独症儿童参与和学习。[②]适应性活动主要是在小学初期开展,为孤独症儿童更好地适应小学生活而设计。适应性活动可以是面向所有儿童开设的主题活动,比如我是文明小学生、我会整理文具、我会遵守规则等;也可以是为孤独症儿童专设的适应性活动,如为了适应小学课程,可以先将部分课程融入即将升入的小学,如参与小学音体美等较为开放的活动,也可以参与体验小学的各种节日活动、运动会等,还可以是机构为孤独症儿童幼小衔接干预准备的暑期课程。亲子式活动主要

① 张冉.优势视角下自闭症儿童融合教育研究[D].山东师范大学,2018.

② 冯丹丹,赵树东.学前特殊儿童随班就读的教学模式探讨[J].绥化学院学报,2021(1):13-17.

在假期,可以是孤独症儿童家庭间的活动,也可以是融合普通儿童家庭的活动,为个体的社会交往及自然支持资源的获得提供自然机会。

四、课程评估推进

幼小衔接课程的精准有效实施需要评估提供保障与反馈。在幼小衔接课程的推进过程中,主要采用课程本位评估与表现性评估两种方式。课程本位评估基于幼小衔接课程发展的本身特点,表现性评估可以通过项目或活动对个体的综合素养进行观察评估。

(一)课程本位评估

课程本位评估是一种与课程紧密结合、为教学提供有效指导、量化与质性相结合、以学生进步为导向的教育评估活动。作为一种非正式评估,课程本位评估基于"特殊教育需要"模式,克服了标准化评估"一刀切"的方式,转而关注学生的差异性、施测的情景性、评估的动态性以及决策的准确性,旨在帮助学生取得进步并帮助教师做出教育决策。[1]幼小衔接课程是非标准化检核式评量课程,是课程本位评估工具,其贯穿于教学前、教学中、教学后,作为教学诊断工具、教学设计依据、教学效果审核,让课程、教学、评估联动发展。

(二)表现性评估

表现性评估是在尽量合乎真实的情境中,运用评分规则对学生完成复杂任务的过程表现结果做出判断,是促进学生核心素养形成和发展的评估方式,让学生通过解决问题习得能力、在学习过程中主动建构、自我调节。[2]孤独症儿童幼小衔接的表现性评估即先确定需要评估的目标是什么,然后设计表现性任务和拟定目标表现的不同水平的评分等级,通过评估反馈儿童的发展水平,让其在解决真实问题中不断建构自己的素

① 谢正立,邓猛.新课标背景下培智学校课程本位评估的几点思考[J].现代特殊教育(高等教育研究),2017(9):40-45.
② 周文叶,毛玮洁.表现性评价:促进素养养成[J].全球教育展望,2022(5):94-105.

养。表4-2对幼儿园中合作建构表现任务的合作游戏技能进行了表现性评估设计。

表4-2　表现性评估举例

水平等级	包含内容要素	表现描述	评分
水平0	无	全程无交互合作	0
水平1	有肢体语言表达	能靠近同伴,眼神关注	1
水平2	有被动合作	能回应同伴合作需求	2
水平3	主动合作	能主动和同伴合作完成任务	3

第二节　幼儿园衔接课程的开发

　　儿童发展具有连续性与阶段性,在幼儿园时期有该阶段的学与教特点,即使幼儿园大班直接面临与小学的衔接,但仍遵从幼儿园儿童发展水平设计教学,教学依从生活性、整体性、游戏性、开放性等特点,幼小衔接课程实施以主题式课程开展、一日活动渗透、小学生活初体验活动为主并进行个性化课程定制。

一、幼儿园时期学习特点分析

　　幼儿园时期儿童的无意注意占主导地位,但注意广度变大,稳定性有所加强,对他们感兴趣的活动可长时间保持注意,有意注意逐渐产生并发展;言语表达的逻辑性、完整性发展迅速;对学习的过程和外部活动感兴趣,更喜欢做游戏,喜欢阅读童话故事和有插图的书籍;学习没有明确的目标;自我评价、自尊、自信心发展;交往主要在父母、教师、亲人的陪护下和他人交往[①]。此阶段幼儿的身心发展特点要求保教结合,孤独症儿童的身心发展趋势与普通幼儿存在一致性,且在融合环境中,教育的融合发展更为重要,幼儿园时期学习特点的分析为其衔接课程的实施提供了基础与方向。

(一)生活性

　　"让教育回归生活"是整个基础教育领域一直以来所倡导的理念,幼

---

　　① 王娜.幼小衔接期儿童的心理特点及应对策略[J].教育教学论坛.2014(11):170-171.

儿身心发展的特性决定了幼儿时期的教育要比其他任何年龄阶段的教育更加迫切需要与生活相融合。[①]直观形象思维在幼儿园入学准备阶段仍然占据主要地位,因此幼儿园的教学需要从学生已有的生活经验出发,激发其学习主动性。幼儿从亲历的生活实践与对周围世界的感知体验中提升核心素养,全面发展,为适应小学发展奠定认知、动作、语言等各领域基础。生活性特点要求在孤独症儿童幼小衔接课程实施中关注其兴趣与实际需求,注重课程内容设置生活化,课程目标源于生活独立性提升,课程媒介取材于生活素材,课程实施关注实践体验、自主探究、相互合作,课程评估凸显过程性与多元性。

(二)游戏性

《3—6岁儿童学习与发展指南》中指出:"幼儿的学习是以直接经验为基础,在游戏和日常生活中进行。要珍视游戏和生活的独特价值。"有研究指出幼儿的游戏本质属性是幼儿的一种无强制的外在目的、在假想的情景中发展的、假想的成人实践活动。[②]综上,游戏可以源于生活,也可以作用于生活,使幼儿综合能力提升。游戏是乐趣,有利于提升参与性、主动性。在幼儿游戏的分类上,不同学者有不同角度不同类别的划分,但游戏成为幼儿教育的重要手段是得到肯定的。在孤独症儿童幼小衔接课程实施中要有游戏课程化的意识,依据个体的游戏发展水平进行游戏设计,发展个体从自由游戏、平行游戏、建构游戏到合作游戏、创造游戏。游戏以个体的兴趣出发,不断拓展游戏的灵活性。

(三)整体性

所有事物都是相互联系的,幼儿的发展包括身体、认知、行为、情感发展等各方面,而各方面的发展又相互联系、相互制约,形成一个有机整体。幼儿的生活也是整体性发展的,幼儿在活动中与环境相互作用。整体性特点要求课程的统整性,培养"完整的人"。[③]基于整体性特点,孤独

---

① 印小青,李娟.幼儿园课程生活化的意蕴、误区与实施策略[J].学前教育研究,2016(2):64-66.

② 张永红.幼儿游戏的本质属性管窥[J].学前教育研究,2001(6):47-49.

③ 田燕.幼儿园课程的基本特征[J].早期教育,2000(10):11.

症儿童幼小衔接课程落实中，课程目标需要整合，课程内容以生活为本，体现整合性；课程实施可采用主题统整模式；课程评估关注学生全面性发展。整体性特点要求从全局观看待个体的能力发展，要看到个体的优弱势全貌，以优势带动弱势发展，要树立成长型思维，相信每个孤独症儿童具有可以发展的潜力。

(四)开放性

开放性是指幼儿园阶段学习环境相对宽松自主，幼儿园不是义务教育阶段，教师在遵循《3—6岁儿童学习与发展指南》下，可以自设课程内容，教材的可选择性更多。在幼儿教育的本质特征上，有研究指出身心健康与快乐幸福、习惯养成与心智启蒙、理解尊重与保教关爱、适宜环境与成长发展四个方面。[①]综上，幼儿园阶段关注儿童自主性和成长幸福感。基于开放性的特点，孤独症儿童幼小衔接上要尊重幼儿身心发展的特点，避免小学化。在进行课程设计的时候，围绕幼小衔接目标，要提升课程内容的适切性、关注课程实施的灵活性和丰富性、落实课程评估的多元性。

二、幼儿园衔接课程的实施

国家《幼儿园入学准备教育指导要点》从身心准备(向往入学、情绪良好、喜欢运动、动作协调)、生活准备(生活习惯、生活自理、安全防护、参与劳动)、社会准备(交往合作、诚实守规、任务意识、热爱集体)、学习准备(好奇好问、学习习惯、学习兴趣、学习能力)四大方面指明了幼小衔接幼儿园阶段的目标任务，幼小衔接课程依据孤独症儿童学习能力与发展需求，将衔接目标与之整合，将孤独症儿童的学习融入各课程与活动中。

(一)主题活动统整

主题活动统整即基于课程统整理论，遵循幼儿身心发展特点和规律，依据幼儿生活及经验的动态变化发展，在幼儿园围绕某一主题，充分统整健康、语言、社会、科学、艺术五大领域目标，将各领域内容相互渗

---

① 程秀兰.基于实证视角的幼儿教育本质特征研究[D].陕西师范大学,2013.

透,以游戏和活动为基本形式,让幼儿在活动中实践体验、自主探究、相互合作,由师生共同建构一系列预设和生成的教育教学活动。20世纪以来,主题活动统整成为幼儿园开展教育教学的普遍模式。[①]孤独症儿童的幼小衔接课程目标与五大领域目标具有相通性,通过主题活动统整,将普通儿童目标与孤独症儿童衔接目标整合设计,普通儿童发展目标参考《幼儿园入学准备教育指导要点》和《3—6岁儿童学习与发展指南》,孤独症儿童幼小衔接可选来自衔接课程的细化目标。大班是入学准备期,围绕国家《幼儿园入学准备教育指导要点》提到的"身心准备、生活准备、社会准备、学习准备"将主题活动设置为一系列与其相关的内容,比如以"我是劳动小能手"为月主题,发展以小学劳动为主的所需的综合能力,将月主题结合生态场域的发展及劳动品质的培养划分为4个周主题,生态场域上从个人到家庭、学校劳动,分别为自理小行家、居家小帮手、合格值日生,最后升华为劳动品质、习惯与精神培养的周主题——我爱劳动。幼小衔接的课程目标将依据个体的需求适切整合至相应主题,具有个性化特点。表4-3即是以"合格值日生"周主题为例进行的统整设计。

表4-3 主题式学习举例

主题	活动内容	所属领域	普通儿童发展目标	孤独症儿童幼小衔接课程可选目标
合格值日生	开心劳动	健康	参与劳动、安全防护	1.5.1、1.5.2 5.5.1—5.5.7
	公平管理	社会/科学	守规、交往合作、任务意识、热爱集体、数学方法解决问题、情绪良好	2.1.1、2.1.3、2.2.6、2.2.7 4.3.1、4.3.2、4.3.4、4.4.1—4.4.5 5.3.4、5.3.5
	总结大会	语言	倾听与表达	3.1.1、3.1.2、3.1.4—3.1.6、 3.2.1—3.2.5、3.3.3—3.3.6
	值日生歌	艺术	用不同方式表达、分享交流展示	1.3.2、2.4.1、5.1.4

---

① 韩曜阳.课程统整视域下幼儿园主题活动设计与实施的行动研究[D].西南大学,2018.

(二)一日活动渗透

幼儿园的一日生活主要以活动为主,因此孤独症儿童幼小衔接的目标可以嵌入相应活动中,发展适性的个别化教学活动。嵌入式教学为一日活动渗透提供了方向。20世纪90年代,嵌入式教学开始逐渐运用于学前融合环境中,它的系统性、自然性、灵活性等特点让其在当代特殊教育实践中应用范围越来越广。孤独症儿童幼小衔接的嵌入式教学将衔接目标嵌入日常活动、集体教学或由幼儿发起的活动中,已有研究表明其对幼儿认知发展、社会发展、动作发展等领域具有促进作用。[1]孤独症儿童幼小衔接的一日活动渗透机制包括目标设定—活动设置—活动实施—活动评估。目标设定源于课程目标评估,依据个体能力水平进行幼小衔接目标确定,然后通过目标与一日活动安排进行适配,或依据目标进行活动设计,并做好活动环境创设,最后评估个体在活动中的表现。表4-4是某幼儿园一日活动融入个人可选择的幼小衔接课程内容侧重点举例,从表中可以看到孤独症儿童幼小衔接目标可与一日活动紧密结合。

表4-4 一日活动举例

时间	活动	孤独症个体可选择的幼小衔接课程内容侧重点
7:45—9:00	生活管理、户外体育运动、早操(特殊天气:班级区域活动)	自我服务、情绪行为、学习适应
9:00—9:30	生活活动、集体教学活动	自我服务、情绪行为、学习适应
9:30—10:30	户外自主性游戏、生活活动(特殊天气:室内自主性游戏)	自我服务、情绪行为
10:30—11:15	游戏分享、区域活动	社会交往、言语沟通、情绪行为
11:15—12:15	餐前准备、中餐、餐后安静活动	自我服务、情绪行为
12:15—15:00	午睡、起床整理、点心	自我服务、情绪行为

① 刘廷廷,朱宗顺.嵌入式教学及其在学前融合教育中的应用[J].现代特殊教育,2018(6):27-31.

续表

时间	活动	孤独症个体可选择的幼小衔接课程内容侧重点
15:00—16:00	功能室活动	社会交往、言语沟通、情绪行为
16:00—16:30	户外游戏活动(特殊天气:区域活动)	社会交往、言语沟通情绪行为、学习适应
16:30—17:00	离园准备、离园	自我服务、言语沟通

(三)小学生活初体验

陶行知生活教育理论提出生活即教育,教学做合一,知是学之始。在引导幼儿发展的过程中,教与学共同发展,最根本在于"做",做是教和学的核心。[①]个体在做中进行具身认知,具身认知将身体从"知识载体"的隐喻转向"身心交互"的现实。根据具身认知的观点,具身学习是基于身体感知的认知建构过程,既包括学习者基于自我身体感知的自我学习建构过程,也包括学习者之间交互学习建构的过程。其表征孤独症儿童可以在实践体验中进行自我认知建构,也在实践中通过观察、模拟、对话等身体参与的交互方式学习。[②]通过具身学习让孤独症儿童实现知行合一,因此在幼小衔接的过程中小学生活在幼儿园阶段的初体验一定是必需的。从体验场景而言,初体验可以是幼儿园里的模拟学习,也可以是小学的真实体验;从体验对象而言,可以是孤独症儿童,也可以是全体幼儿;从体验内容而言,涉及个体的学习品质、学习时长、生活独立、同伴互动等多方面;从体验的策略而言,可以是幼儿园常用的游戏教学与小学化的直接教学的整合。体验的发展呈现从模拟到实操,从幼儿园学习模式向小学学习模式渐进。表4-5是幼儿园时期初体验活动的项目举例。

---

① 庞少英.知行合一,幼儿的做中学[J].新课程,2021(4):9.

② 宋耀武,崔佳.具身认知与具身学习设计[J].教育发展研究,2021(12):74-81.

表 4-5　小学生活初体验活动举例

活动名称	活动说明
小学生活大揭秘	1.视听通道:通过视频、师生或家人的介绍等方式了解自己就读的小学里的人、事、物。 2.实地考察:去小学参观、学习体验。
课堂融入	为了幼小衔接,采取逐步融入的方式进入小学课堂,如融入活动式课堂,与幼儿园更为接近的课堂,比如体育课、美术课等,融入时间上可逐渐变长。
节假日活动	小学节假日活动中熟悉物理环境与逐渐融入学校活动。
读书节	通过读书节活动,提升对阅读的兴趣即习惯。
自理大闯关	通过独立饮食、如厕、穿衣、整理个人物品等关卡闯关提升生活独立能力。
劳动小能手	进行擦黑板、扫地、擦桌子、搬凳子等劳动过关。
安全大考验	学习校园安全知识,记录学生校园安全遵守情况。

(四)个性课程定制

个性课程定制着眼于孤独症儿童顺利幼小衔接所需核心素养的提升及潜能发展。孤独症儿童间的差异大,需为每个孤独症儿童个性定制所需课程。比如小 A 会主动和人互动,但存在沟通不当的行为,他总是用拍打的方式和人打招呼,让他人难以接受,因此他不适当的沟通行为就需要行为支持,功能沟通的个性课程可以支持其适性沟通,改善人际互动。又如小 B 喜欢画画,对色彩搭配喜欢有自己的创作,因此可以安排专业老师对其天赋给予引导,让其在画画上能有更优的发展。

第三节　暑期衔接课程的开发

　　孤独症儿童在进入新环境后会产生一定程度的适应性障碍。研究表明,孤独症儿童在幼儿园教育与小学教育两个阶段的转换过程中普遍存在适应性障碍。[1]暑期衔接课程旨在协助孤独症儿童顺利地从幼儿园教育阶段过渡到小学教育阶段,是对儿童连续的、不断发展的社会性、心理和身体发展上的衔接,[2]对孤独症儿童的全面、可持续性发展具有重要意义。本节聚焦孤独症儿童的核心障碍,在暑期针对孤独症儿童的入学准备以及小学生活的衔接,设计相关课程并组织实施,并以杭州市杨绫子学校开展的孤独症儿童幼小衔接暑期衔接课程实践为依据,对孤独症儿童暑期衔接课程的发展和实施展开讨论与思考。

一、暑假时光利用

　　即将进入小学的孤独症儿童需要面对校园环境、课程难度、课堂常规、学习方式和生活作息等多方面变化的挑战。研究表明,当孤独症儿童面对这些不利的情境时,他们问题行为的危险和概率将会增加,甚至引起未来更大的迟缓和障碍。[3]暑假是进一步为孤独症儿童适应小学生活提供支持的重要阶段,在幼小衔接中具有承上启下的作用,利用暑

---

　　① 朱丹丹.培智学校新生入学适应问题及应对策略研究[D].华东师范大学,2018.

　　② 周采.比较学前教育[M].北京:人民教育出版社,2010.

　　③ 田强强.融合教育背景下特殊儿童幼小转衔策略研究[D].黑龙江大学,2022.

假时光能够在一定程度上抓住衔接中的关键期提升孤独症儿童进入小学急需的关键技能,使得孤独症儿童在进入小学时更加从容。教师在了解每一位孩子基本能力的基础上,从拓展学生的潜能、提升进入小学需要的核心能力两方面为学生学习、家庭训练提供支持性服务,尽可能减少孤独症儿童进入小学的适应性障碍,帮助其更好地融入小学生活。

(一)潜能开发

儿童的发展具有连续性、发展性、可持续性的特点[1],孤独症儿童的发展也是如此。我国特殊儿童发展理念经历了缺陷补偿—潜能开发—潜能开发和功能改善的转变。[2]幼儿园阶段孤独症儿童的教育教学注重学生的潜能发展,从学生自身出发,发掘学生的潜能;即将进入小学的孤独症儿童,已经完成了幼儿园阶段的学习,自身已具备一定的基本能力,但在面对从幼儿园到小学过渡的这一重要转变期时,需要进一步提升关键能力,拓展自身潜能。教师利用暑期时光,对孤独症儿童进行全面评估,了解孤独症儿童的发展现状,再结合小学教育阶段的学习特点和需要,拓展学生潜能,为学生适应小学生活打下基础,做好入学的生理和心理准备。

多元智能理论指出,每个人都拥有相对独立存在的7种最基本的智能,分别是:语言智能、逻辑数理智能、音乐智能、空间智能、身体—运动智能、人际关系智能、内省智能。[3]多元智能理论提出每个儿童都具有在某一方面或多个方面不同领域智能的发展潜力,孤独症儿童因多个方面的智能限制,需要通过干预进行开发和完善,且这是一个连续的、长期性的工作,幼小衔接中暑假时光的利用对学生可持续性发展具有重要意义。结合孤独症儿童幼小衔接课程的发展目标,教师在暑假期间依托幼儿园和小学课程,在孤独症儿童潜能发展的基础上,聚焦过渡到小学所需的儿童潜能的拓展,开展幼儿园五大领域拓展活动、小学生活的体验

① 杨欢,张胜.加拿大不列颠哥伦比亚省基于大概念的幼小衔接课程框架及启示——以数学课程框架为例[J].陕西学前师范学院学报,2022,38(02):65-71.

② 郑权.基于虚拟情境的智障儿童教学研究[D].陕西师范大学,2019.

③ 田友谊.多元智能理论视野中的特殊教育[J].中国特殊教育,2004(01):16-20.

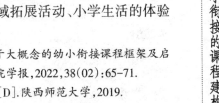

第四章 区域孤独症儿童幼小衔接的课程建构

活动,以及家庭的配合活动,从学生的学习和生活等方面让孤独症儿童做好充足的准备。潜能拓展的实施,符合学生发展的需要,让孤独症儿童提前为小学生活的适应做准备,从而减少其小学生活适应中的障碍,为孩子未来的发展奠定良好的基础。

(二)核心能力提升

有幼小衔接儿童适应性的相关研究指出,儿童的适应主要表现在对学习的适应和对生活的适应两方面。[1]儿童进入小学后出现的不适应性主要表现在学习环境、人际关系、活动方式、行为要求等方面的不适应,[2]因此在幼小衔接过程中幼儿适应小学的能力不应简单地概括为学习能力,还应包含:身体和运动能力、语言能力、社会性发展、基础知识的准备、基本认知能力等。[3]孤独症儿童存在社会交往能力缺乏、刻板、需求表达困难、身体和运动方面的不协调等问题,若要顺利完成幼儿园到小学的衔接,需要结合小学阶段的学习特点提升自身的核心能力,做好进入小学的"入学准备"。

幼小衔接代表着学生的学习要从以游戏为主导活动的学龄前生活,向以学习为主导活动的正规学习生活过渡,[4]因此对孤独症儿童多方面的要求都进一步提高,孤独症儿童需要进一步提升核心能力来应对幼小阶段的变化。暑期作为对孤独症儿童核心能力干预和提升的重要时期,教师要把握暑期时光,基于儿童在小学需要的核心能力,对孤独症儿童进行现有能力评估,结合学生自身的特点和需要,设计提升学生核心能力的个别化教育计划,其内容聚焦于提升孤独症学生的核心能力,主要包括自我照顾类、感知动作类、沟通社交类、学习品质类四个板块。1.自我照顾方面:小学更加注重学生的生活自理、生活独立等能力,在孤独症

① 薛永钰.幼小衔接视角下小学一年级新生学习适应性研究[D].江苏师范大学,2018.

② 杨晓琴.幼小衔接中儿童适应性问题探析[J].陕西学前师范学院学报,2016,32(01):5-7+22.

③ 杨静.基于儿童视角的幼小衔接研究[D].西华师范大学,2016.

④ 马达英.幼小衔接实施策略的个案研究[D].东北师范大学,2012.

儿童核心能力提升中设置相关技能教学目标及课程,联合家庭做好技能练习与监督,帮助学生更好地参与学校生活。2.感知动作类:部分孤独症学生伴随感觉统合失调、动作不协调等障碍,感知觉和动作问题极易影响学生学习的效率和质量,注重学生的感知觉和动作干预,能帮助学生调整感知觉,发展动作,促进身体健康,减少对学习的不利影响。3.沟通社交类:沟通社交方面聚焦于学生的语言表达能力,提高孤独症儿童正确表达需求、遇到困难寻求帮助的能力,强调人际交往、社会适应以及行为管理等方面能力的协调发展。4.学习品质类:小学阶段的学习以课堂教学为主,遵守课堂常规(听指令、举手发言、不擅自离开座位等)、保持课堂注意力、重点知识的记忆等是小学阶段学习的重要内容,通过干预提升孤独症儿童的注意、记忆、学习动机等基本的学习品质,使其具备小学阶段学习必备的学习品质。结合学生自身的发展情况制定不同的个别化教育计划提升其核心能力。

二、暑期衔接课程实施

暑期衔接课程的设计立足于孤独症儿童对普通小学生活、学习的适应要求,教师根据孤独症儿童本阶段的需求,针对性地为孤独症儿童设计相应课程,抓住暑期这一干预的关键期,提升学生适应小学生活的关键能力,为孤独症儿童的小学生活做好准备。暑期衔接课程主要为活动性课程,包含:入学体验活动、暑期的实践活动以及小学的适应活动等,课程的实施主要以个训课和集体课等形式展开,教学策略逐渐转变,借助"观察—参与—融入"的活动路径分阶段实施,保障孤独症儿童对环境、课程、学习方式的逐渐适应。以下从暑期衔接课程中的亲子联谊活动、小学生活再体验和家庭安排结构化三个方面的具体实施进行阐述。

(一)亲子联谊活动

亲子联谊活动是指由家长和幼儿共同参与、相互合作进行的一系列活动。[①]亲子联谊活动对幼儿的发展有着积极的促进作用,帮助幼儿学习丰富多彩的科学知识,促进幼儿身体的健康发展,强化父母与孩子之间的互动,能够促进幼儿全方位发展,同时亲子联谊活动强调合作,促进幼儿社会性的发展。亲子联谊活动的影响是全方位的,对孤独症儿童及家庭有着重要的支持作用,暑期衔接课程设计的亲子联谊活动是以亲子游戏互动为特征,进行有目的、有组织的活动设计,通过主题式的暑期亲子联谊活动促进孤独症儿童的亲子交流,增进亲子关系,提高家长参与度。活动设计注重小学适应的多项能力,让孤独症幼儿在互动游戏中提升关键能力,为小学生活做好入学准备。例如在暑假时组织的亲子运动会活动,孤独症儿童和父母一起参加运动会后习得了跳绳、投掷等运动技能,儿童和父母之间的合作及互动有所增加,帮助儿童培养了初步的胜负概念,也为儿童提供了更多与同伴交流的机会。

(二)小学生活再体验

有目的、有组织的小学生活再体验活动能够帮助孩子获得积极的入学体验,在开展的小学生活再体验活动中,通过模拟小学的环境、上课规则、授课方式等让孤独症儿童在情景游戏中体验小学生活,在快乐中感知小学。小学生活再体验活动的实施形式除了情景模拟,还可以组织开展孤独症儿童主题教学下的小学校园参观活动,让孤独症儿童走进小学校园,提前认识新学校环境,尽可能地减少或避免孩子在入学后因环境变化而产生的身心不适应问题,[②]提前了解小学的时间作息,结交新朋友,学习掌握小学阶段的人际交往技巧,为孤独症幼儿进入一年级后建立良好的人际关系打基础。进入小学观摩小学课堂,直观体验小学生课堂,让孤独症儿童了解小学的课堂纪律和学习要求,[③]在真实的小学情景

① 冯国平.开展亲子活动,在"传承、创新、发展"中再现民间游戏的"新魅力"[J].科学大众(科学教育),2012(11):119.

② 张建银.以儿童为中心的幼小衔接——小学新生入学适应期的实践策略探索[J].中小学校长,2021(12):58-59.

③ 陆秀祝.幼小衔接视角下小学一年级新生入学适应研究[D].华中师范大学,2021.

下,帮助儿童建立初步的小学生活与学习概念。小学生活再体验活动,让孤独症儿童在实践中学习,帮助其逐渐过渡到小学,进而成为一名合格的小学生。在暑假开展的课程中,上课的教室环境布置模拟小学教室,幼儿园的教室与小学教室不同,小学的教室没有区角,课桌椅摆放整齐,帮助孤独症儿童养成遵守课堂规则的意识。因为小学一节课的时长为45分钟,与幼儿园的课程时长有所不同,儿童会出现离座四处走动的情况,因此,在暑期的课程中对儿童的安坐技能进行了练习,同时进行课堂常规的训练,如训练儿童上课时保持安静、眼睛看老师、举手回答问题等,在帮助学生建立课堂常规的同时,也帮他们提升了注意力等方面的能力。

(三)居家安排的结构化支持

家庭在儿童顺利度过幼小衔接的过程中有着举足轻重的作用,良好的家庭学习氛围对帮助学生建立正确的学习观很重要。由于孤独症儿童自身障碍的限制,在其成长和发展的过程中,更需要家庭的支持和协助,帮助孤独症儿童巩固对技能和知识的实践操作。孤独症儿童普遍伴随刻板的行为,在适应变化方面,孤独症儿童需要较长时间的准备,从幼儿园到小学,孤独症儿童面对的变化是多方面的,不仅是作息时间的变化,还包括了各项要求和常规的建立,因此家庭安排结构化在暑期衔接课程中具有独特的作用。家庭安排结构化需要将家庭的一日作息与即将进入的小学进行对接,根据孤独症幼儿即将进入的小学的相关安排对学生的日常作息进行衔接。家庭在结构化安排的实施中,需要注意安排并不是一成不变的,要根据具体情况进行调整和应变,提高学生对安排临时调整的适应性。提前让学生适应小学生活的作息变化与要求,以减少孤独症儿童对时间变化上的不适应,帮助其适应小学生活。在暑假中提前了解小学的日常作息,例如了解到小学早上到校的时间为八点十五之前时,在暑假中就需调整孤独症儿童的作息时间,在起床、洗漱、吃早餐、离开家、到校等方面养成一个固定的模式,确保儿童能在八点十五前完成,让儿童养成早起的习惯,理解并知道早起后应该进行的流程。

第四章 区域孤独症儿童幼小衔接的课程建构

第四节　小学衔接课程的开发

在小学教育阶段,学生开始需要有组织、有计划地学习,完成明确的任务,开始全新的生活。小学阶段学生需要面对生活环境、人际关系、学习压力等一系列变化,这些变化会引起学生入学后的各种不适应。小学时期的转衔课程旨在帮助孤独症儿童顺利地由幼儿过渡到小学生这个新角色,并最大限度减少新生因初入小学而产生的环境不适应、害怕、焦虑、人际关系变化等问题,培养学生良好的行为、卫生和学习习惯。通过学校和家庭共同构建的入学转衔课程及教师的个别化教育,能引导学生尽快适应小学新生活,为以后的学业发展奠定坚实基础。本节在分析小学时期学习特点的基础上,对小学时期孤独症儿童衔接课程的实施进行阐述,为孤独症儿童小学时期转衔课程的实施提供参考和借鉴。

一、小学时期学习特点分析

从幼儿园到小学是个体由启蒙教育进入正规学校教育的关键时期。[1]小学阶段是学生个体心理发展的关键时期,学生在学校里学习知识、接受教育,在认知、情感、意志、性格等诸多方面会发生巨大变化。幼儿园与小学在教育目标、教学方式、教育内容、生活方式等方面存在较大差异。进入小学阶段,教学形式从幼儿园的游戏式转变为班级课堂教学式;学习氛围从自由轻松变为有纪律有要求;教学进度、学习内容等方面

---

① 朱丹丹.培智学校新生入学适应问题及应对策略研究[D].上海:华东师范大学,2018:22—25.

也发生了较大变化。小学时期学生的学习具有规则化、学科化、结构化的特点，以下对这三个特点进行分析，以期让孤独症儿童更好地适应小学阶段的生活，为更好地学习奠定基础。

（一）规则化

小学阶段学生学习的一个重要特点就是规则化，学校需帮助学生养成更好的行为规范，形成良好的纪律意识。学生在学习和生活中需要遵循许多规则，如上课纪律、奖惩制度、行为规范等，并需学习如何遵守规则，这与幼儿园阶段的学习和生活完全不同。幼儿园的学习和生活较为自由、灵活，小学则有更多的要求，学习和遵守规则是学生进入下一个阶段的重要步骤，对学生的后天成长具有积极的作用。小学阶段学生学习的规则化，不仅仅包含规则的遵守，还包括参与规则的制定，学生体验规则的制定过程，能够发挥学生的主体作用，增进学生对规则的认识和理解，让学生更好地遵守规则，提升其成就感。

（二）学科化

进入小学阶段，学生的学习逐渐进入学科化。小学有很多的学科，学生开始进入到"分科"学习阶段，学生学习的知识被划分为不同的学科，并根据学科进行学习。教师根据各学科的教学规律，并结合学生特点，制定并选择学科相应的教学目标、教学内容、教学方法等。幼儿园阶段，幼儿参与主题式的活动，通过接受教师的启蒙介绍来获取生活经验，趣味性更浓，学科性较弱。与幼儿园阶段的教育相比，小学阶段的学习中各学科的教学方法存在一定差别，知识内容更加深入，学生的主体性更加突出，需要学生具备一定的自主学习意识，学生需要掌握小学的学习方法，才能更快地适应小学学科化知识的学习。

（三）结构化

小学采用了分学科教学的形式，教师通过在教学过程中的适时引导帮助学生理清知识之间的内在联系，让学生在发展变化中将知识互相连接，建立知识网络，并在学习中学会梳理知识点，不断地完善其认知结构，进而获得认识事物的普遍方法与规律。小学教师在教学过程中采用结构化的教学形式，按照正常的流程上课，如课前问好、正式教学、课中练习、课堂总结、下课等。结构化教学的方式不仅仅应用于课堂教学中，也应用于学生的日常生活中，如：教室中需桌椅板凳摆放整齐，课程表用文字清楚地表示周一到周五的课程顺序等。结构化教学符合小学阶段学生的身心发展规律，对学生的学习和发展具有积极的作用，能够将学习融入学生的生活中，还能结合学生情况或教学重点变化调整教学重点，促进学生能力的全方面发展。

二、小学时期衔接课程的实施

普通学校一般设置为期一个月的新生入学期，此时期同样为特殊儿童的有效转衔期。①这一时期主要进行学校管理制度、课堂行为规范、班级管理要求等方面的学习和训练，尚未全面进行学科知识的学习。融合小学在此时期除了进行正常学科课程之外，还设置了包括生活自理、行为管理及基础知识学习等三个方面的转衔课程，让孤独症儿童尽快熟悉学校的行为要求和制度规范。课程实施主要以代币和强化物的方式进行，以减少学生小学课堂适应的陌生感，并让学生在过程中获得成就感，更好地帮助学生适应小学生活。小学时期转衔课程的开展能够配合新生入学教育帮助孤独症儿童进行提前学习。下面就小学时期转衔课程的具体实施进行阐述。

(一)适应性活动组织

《小学入学适应教育指导要点》明确提出，要创设包容和支持性的学校环境，最大程度消除儿童的陌生体验和不适应。针对孤独症儿童入学的不适应，融合小学组织开展入学适应活动，设置以游戏、探究、体验为主要形式的适应课程，课时长短结合，灵活多样，融入儿童经验和兴趣，突出主题化、生活化、游戏化的特点，帮助儿童逐渐适应小学生活。适应活动组织以学生为主体，教师根据学生的个性和差异进行设计，在实践

---

① 田春,彭锦怡.小学入学适应教育的概念、特征与进路[J].教学与管理,2022(17):1-4.

过程中教师需要以儿童的视角走进活动,与学生一起学习、思考和探究,建立和谐的学习氛围,让孤独症儿童在真实的自然环境中,通过直接感知、亲身的体验与探究生发学习兴趣。适应活动的组织不仅是为了提升儿童对小学生活的适应性,教师也要注重指导和促进学生能力的提升。[1]孤独症儿童入校的小学开展适应活动,能帮助儿童在游戏中建立小学生活的规则,从而实现幼小渐进式、缓坡式衔接。例如在班级中举办主题班会,为全班同学传递有关融合教育的理念,也为孤独症儿童寻找友好小伙伴,并事先对小伙伴进行一些同伴培训(如:当看到孤独症儿童离队时会将儿童叫回或带回;在点名时发现孤独症儿童注意力分散,小伙伴可以轻拍儿童并告知老师在叫他;孤独症儿童拿错物品时,小伙伴可以进行提示等),让小伙伴在学校的一日活动中为孤独症儿童提供帮助。

(二)学科渗透

进入小学教育阶段,学生的学习方式发生了较大变化,从幼儿园的游戏为主变成了分科集体教学,孤独症儿童要适应的学习环境也从自由的游戏氛围转变成有纪律有章法的正式学习课堂,这对孤独症儿童是一个不小的挑战。小学教师在借鉴幼儿园课程组织和时间的基础上,积极探索项目式、主题式的教学模式,强调探究性、体验式学习,在多个学科中渗透相关教学方法,可以减少孤独症儿童的陌生感,提升其学习积极性。教师在进行课程教学的过程中,能为学生提供支持性服务。教师可通过主题活动课程设计和角色体验、动手操作、观察发现等教学方法,将语文、数学、体育等课程融合到主题活动中,也可借助游戏课、团体课、值日课的形式进行教学。主题活动课程实施过程中,每个学科教师要将相关学科内容植入活动中,促进学科之间的渗透,帮助孤独症儿童梳理知识间的联系,更好地理解所学内容。学科渗透的形式符合孤独症儿童的学习特征,能够帮助他们完成知识的迁移和应用,让

---

[1] 肖堃.儿童立场上的教师:长大的儿童——综合实践活动教师角色定位[J].华人时刊(校长),2021(02):42-43.

他们的学习成为一个整体,使学习具有系统性。例如在小学的语文课中,语文老师让学生围绕《坐井观天》这一课进行了角色表演,让孤独症儿童扮演青蛙这一角色,为了扮演好青蛙这一角色,儿童熟读课文《坐井观天》,加深了对课文的记忆,在达成课文诵读目标的同时,更加了解了青蛙这一角色,并引发思考:到底是天空"大"还是水井"大"? 并且,在角色扮演的表演之前,孤独症儿童也和同学进行了相关的练习,增加了和同学之间的沟通。

(三)活动参与

《义务教育课程方案和课程标准(2022年版)》明确提出,合理设置小学一、二年级课程,注重活动化、游戏化、生活化的学习设计。学生进入小学,普遍存在适应性问题,如上课离座、无法集中注意力、学习知识困难等,这是由于学生未能及时适应小学的教学形式。为促进学生更好地适应小学的学习活动,许多小学采用游戏化教学的方式来实现从游戏活动到课堂教学的转变。教师通过将多项活动融入各科的教育教学中,增加课堂的趣味性,提升课堂吸引力,进而激发学生学习的兴趣,让孤独症儿童在活动的实践和体验中学习。在活动开展过程中,教师结合孤独症儿童的学习特点,适时给予不同层面的奖励,调动孤独症儿童活动参与的积极性。通过参与集体活动,孤独症儿童增进了对班级同学的了解和认识,提升了社会交往的技能,他们在游戏中学习知识,并促进了班级良好氛围的建立。而丰富多彩的主题式活动设计能帮助教师更好地了解学生,更好地建立班级合作,增进班级同学间的情感,也让学生有一个适应的"缓冲期",帮助孤独症儿童更好地适应小学生活,获得成就感,为学生的全面发展奠定基础。比如,在学校举办的科技节活动中,孤独症儿童和小伙伴一起参加了科技节游园活动,当儿童找不到游园活动的场地时,小伙伴带领儿童找到了游园卡上的场地;在儿童不知道如何完成水果电池任务时,小伙伴及时进行帮助,最后成功点亮了水果电池。科技节的游园活动增加了学习过程的趣味性,让孤独症儿童在愉快的活动中习得了相关的科学知识,在达成参加游园活动目标的同时,也增进了同伴间的沟通交流。

第五章

区域孤独症儿童幼小衔接的教学实践

　　幼小衔接的教学包含了教、学、评三个方面的活动。区域孤独症儿童幼小衔接教学的探索，从孤独症儿童自身特性和需求出发制定教学目标与计划，各方面积极配合、共同助力教学的实施，确保每个孤独症儿童在幼儿园、暑期、小学三个阶段都可以获得高质量的教学服务。同时，教学质量的监控和评估也为孤独症幼小衔接的阶段实施建立了保障机制，确保教、学、评三者之间形成有效闭环。

第一节　孤独症儿童幼小衔接的
教学理论基础

探索以学生为主体、从专业支持角度出发的教学策略,是支持孤独症儿童顺利完成幼小衔接的必然要求。对孤独症儿童幼小衔接的教学探索可以帮助教师制定更加专业的针对孤独症儿童特性的教学目标与内容,助力特需儿童在融合环境下的智力与身心健康共同发展。

一、孤独症儿童幼小衔接教学的概述

(一)概念界定

1. 孤独症儿童幼小衔接教学

幼小衔接教学包括了教学内容、教学方式等内容的衔接,其目的是帮助孤独症学生从幼儿园顺利进入小学,并在最短时间内适应小学的学习、生活。孤独症儿童由于自身障碍,在自我控制、人际交往等方面都存在显著的问题。因此,对孤独症儿童幼小衔接的教学,除了要缓解其入学焦虑、减缓学习坡度外,更重要的是帮助他们减少入学后的适应不良,提升其规则遵守意识、社会交往的能力,使其真正融入普通学校。

(二)教学特征

1. 教学形式多样化

基于孤独症儿童的核心障碍和个别化需求,学校需通过多样化形式开展教学,大致包括个别化教学、小组教学和集体教学三种形式。

(1)个别化教学

个别化教学是指教师与学生通过一对一的形式开展教学,其目的是帮助孤独症学生克服社交和沟通障碍,提高认知能力,提升自理能力,促进整体能力的发展。这种教学方法通常采用视觉工具辅助、任务分解、回合式训练等策略,在满足孤独症学生的学习需求、补足缺陷的同时,最大程度地发挥他们的潜力。

(2)小组教学

通常是以一名老师对两名以上学生(五名以内)进行教学的形式开展。在教学过程中,教师需要引导学生互相学习、互相关注、互相照顾、互相分享经验,以提升学生的社会沟通、交往、规则意识等能力,同时弥补个别化教学难以进行技能泛化等的不足[①]。

(3)集体教学

集体课是孤独症儿童学习社交技能的场所,便于其将所学到的知识技能进行泛化。在集体环境中,学生将面对更多元的对象、更复杂的环境和更多的干扰。[②]将在个别化教学和小组教学中学到的知识技能应用与迁移到集体教学当中,对孤独症儿童来说是一个挑战,但也是他们走向融合的必经之路。因此,教师需要考虑学生现有的能力水平,在集体中也要为目标学生设置适合其能力水平的个别化目标,同时兼顾孤独症儿童与其他学生的互动。

通常情况下,教师会根据学生需求综合运用多种教学模式来满足孤独症学生幼小衔接的个性化需求。例如,在面对某领域难以达到集体融合标准的孤独症学生时,教师会先安排一对一的个别化教学帮助学生提高短板,在小组课中初步进行技能的泛化,在集体教学中更进一步的升华。

2. 教学内容个性化

由于孤独症的核心障碍,孤独症儿童在幼小衔接的过程当中,所面临的挑战远大于普通儿童。例如,孤独症谱系儿童常因为社交障碍而难

① 彭双迎."小组教学"在孤独症儿童康复教育中的应用与思考[J].中国科教创新导刊,2010(24):184.

② 石何玮.学前中重度孤独症儿童集体课教学活动设计的个案研究[D].昆明:云南师范大学,2016.

以与班级同学建立良好的人际关系;因只听自己感兴趣的内容从而造成偏科等。因此,孤独症儿童教学内容的个性化制定就尤其重要。

如何制定孤独症儿童幼小衔接的教学内容? 除了基于家长的期待和教师对学生的了解,教学评估也不可或缺。教学评估可以帮助教师全面了解学生的各方面能力。参照评估结果,基于个案研判会讨论结果,教师可以根据课程进度安排符合学生能力的个性化教学目标与内容。

个性化的教学内容可以是与目前学业进度相关的基础性内容,也可以是补偿学生缺陷的功能性内容。例如,有些孤独症儿童在情绪管理上有困难,时常因为周边环境的变化使其感到不适应,而用哭闹、攻击行为来表达自己的负面情绪,这时教师可以进行情绪认知和情绪控制技巧的教学。在教学内容的表达上,教师也可以通过多样化的载体灵活进行内容的呈现,以帮助学生高效学习。例如,有些专注力较为缺乏的孤独症儿童,动态视频、图片等教学内容更容易吸引其注意力。教师可将重点教学内容进行视觉上的转换,如图形化、字体放大等,以助力孤独症儿童更加有效地提取关键信息。

3. 教学支持协同化

孤独症儿童因为难以适应环境转变、处理人际关系困难、情绪调控能力薄弱等特征,在融入小学新环境的过程中面临重重困难。普通人眼中只是折了的书页、不小心弄断的直尺,却可能会让他们难以适应,爆发情绪,甚至于影响正常的课堂秩序。因此,孤独症儿童更需要身边教师、同学的爱心与包容,同时教师也需要了解有关孤独症的专业知识,以便更好地理解、引导他们。

帮助孤独症儿童更好地融入普通学校环境,需要专业教育康复技术的支持、家长的配合、学校基础设施及人员的配置,甚至是环境中涉及的相关人员对孤独症儿童的理解包容。因此,对孤独症儿童进行教学支持需要多方合力,实现协同。孤独症儿童幼小衔接的支持团队主要分为三方:家庭、学校以及专家团队。一般来说,一位需要幼小衔接教育的孤独症儿童从幼儿园阶段开始,就会有专业的团队介入,进行科学的评估与干预。专业团队能够帮助幼儿园教师在教学知识上覆盖到孤独症的领域,使之在日常教学活动中更专业地处理孤独症儿童出现的问题,做好引导。这里的专业团队主要是指区域特殊教育指导中心的工作人员组成的团队,它由区域内的培智学校进行主导搭建,拥有较为专业的孤独症康复教师。孤独症儿童在幼儿园阶段要想做更完善的先行准备,家长的参与也是十分重要的。入小学后,随班就读研判会能帮助支持团队从更多元视角了解孤独症儿童的日常行为模式,从而制定出更加合理和满足需求的干预方案。

二、孤独症儿童幼小衔接教学实施框架

幼小衔接教学实施连接了学生幼儿园与小学生涯,主要包含了幼儿园、暑期和小学三个阶段。

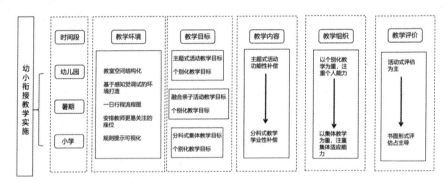

图5-1　孤独症儿童幼小衔接的教学实施

(一)教学环境的布置

教学环境是学生进入校园中教师和相关人员首先要进行调整的因素。结合孤独症儿童的核心障碍,教师在布置教室环境时可以考虑将教室的区域结构化,比如分为上课区、作业整理区、饮水区等等,让孤独症学生能够更好地理解什么任务该在什么区域完成,避免因不理解而造成焦虑,引发问题行为。教师还可以为环境、任务转移困难的孤独症儿童准备一日行程流程表,让他们能够预先知道自己的一日行程流程,减少

对未知的紧张与焦虑。同时,还可将孤独症学生的座位安排在靠近老师的位置,方便老师及时关注到他们的需求等。

(二)教学目标的制定

幼儿园和小学的课程、教学结构较为不同,因此从幼儿园阶段到小学阶段教学目标的重点也有所区别。在幼儿园,其教学目标围绕孤独症儿童在五大领域的发展而定;暑期活动目标围绕孤独症儿童薄弱能力制定,进行密集型干预训练;小学阶段的教学目标则聚焦于孤独症儿童对小学生活以及分科教学的适应。总起来说,无论哪个阶段,都需要基于孤独症学生的实际需求制定个别化的教学目标,并据此开展个别化教学。

(三)教学内容的选择

从幼儿园到小学阶段,随着教学目标的不同,其教学内容也有所变化。在幼儿园阶段,针对孤独症儿童的教学内容是主题统整式的,围绕某一个既定的主题开展,孤独症儿童在主题活动中实现五大领域的发展。暑期教学内容以密集性训练为主,重在锻炼孤独症儿童幼小衔接的薄弱技能,帮助他们更好地适应小学生活。而小学的教学内容更加集中于小学常规的遵守和学科教学。

(四)教学组织的开展

根据学生的不同需求,在不同阶段要有不同的教学组织来匹配。例如,幼儿园阶段,根据早干预早治疗的原则,在集体教学的同时,应更多地给孩子进行个别化的教育,致力于在幼儿阶段尽可能地补充学生的能力短板。而在小学阶段,应以集体教学为主,帮助学生更好地掌握学科知识。同时,也应通过个别化辅导的形式,进行学业补偿、社交训练等,使其适应普通小学生活。

(五)教学评价实施

在幼小衔接的整个流程中,教学评价起到了对教学成果进行评估、分析、判断,对教学目标和教学内容进行改进和提高的作用。因此教学评价在整个孤独症儿童幼小衔接教学体系中较为重要。而在幼儿园阶段,基于主题活动式的课程模式,教学评价也主要通过活动式评分和日

第五章　区域孤独症儿童幼小衔接的教学实践

常表现评分来展现,教学评价的结果比较能够真实地反映孤独症儿童的能力现状。进入小学阶段,学校的课程模式进入了分科教学,学生的考核模式也更多的是书面形式,因此小学教师在对孤独症儿童进行评价时,应采用多元评价的形式开展,如增值评价、过程性评价等。

三、孤独症儿童幼小衔接教学常用方法

(一)基础性课程中常用的教学方法

1. 主题式教学法

又称为主题学习法。它是一种基于幼儿园学生兴趣和需求的教学方法。主题式教学注重幼儿园学生的主动学习,它通过一个主题或一个问题引导幼儿自由探究、自主思考、自我发现,不断地探究和学习,在获得技能和知识的同时发展其全面素质。主题式教学法的主要特点是以主题为中心,教学资源全面,教学活动多样。它的课程设置和教学设计都是以一个主题为中心进行的,如"四季变化""我的家庭""动物世界"等,要求幼儿在探究和学习过程中发挥主动性和创造性,实现个性化学习。同时,主题式教学法还要求教师准备多种教学资源,包括书籍、图片、工具等等,以便让幼儿更好地了解和探究主题。其教学活动包括了游戏、观察、实验、故事等多种形式,让幼儿在参与互动中获得知识和技能,还能够有效地激发幼儿的学习激情,促进其个性化发展和全面素质的提升。

2. 讲述法

讲述法是小学基础性课程中常用的一种教学方法,它是一种由教师向学生讲述和传授知识与技能的教学方式。它通常采用直接教学的方式,即教师通过板书、PPT、黑板报、白板等工具,从内容分析、例题演示、全局把握、重点讲解等角度进行分解讲解,使学生对知识和技能有更加深刻的认识和理解。这种教学方式遵循了小学生的认知规律,有助于提高学生的学习积极性和学习效果。但讲述法也有其不足之处,例如这种教学方式更加注重知识的传授,有时候容易忽视学生的思考、理解和应

用能力的培养,同时也可能会导致课堂单调、乏味,难以激发学生的兴趣。因此,教师应该在教学实践中灵活运用不同的教学方法来达到更加有效的教学效果。

3. 项目式教学法

项目式教学法是一种以项目为核心和驱动的教学方法,学生通过实际开展的项目活动,获得知识、技能和经验,提高学习兴趣和参与度,培养综合思维能力和实践能力。在项目式教学中,学生通常会被分配到小组,与同伴合作解决具有挑战性和真实性的问题或任务,根据任务的要求开展调查、分析、研究、设计、制作、呈现等环节。在整个过程中,教师充当的是指导者和辅导者的角色,帮助学生制定合适的计划和策略,提供建议和支持,评价学生的表现和成果。项目式教学法的特点包括注重实践性和探究性、强调合作与协作、促进综合思维和创造性思维,以及重视反思和评价。通过项目式教学,学生能够深入理解并应用所学知识,培养解决问题的能力、领导力、沟通能力和团队协作意识。学生通过开展的项目活动,进行调查、分析、研究、设计、制作和呈现等环节,综合运用多种学科知识和技能,进而提高综合思维能力和创造性思维能力。

(二)活动性课程中常用的教学方法

1. 自然情景教学(Natural Environmental Teaching,NET)

自然情景教学是指在沟通中介入自然语言进行教学的一种方法。这种教学方法强调在一种自然的环境中进行教学,针对孤独症儿童的沟通缺陷,培养其沟通和社交技能,引导他们进行自主沟通,激发其语言沟通的主动性。[①]自然情景教学受个人动机驱动的指导,在与自然环境极为相似的环境中进行教学,可以使个人能够在一种环境中学习的技能自然泛化到其他的环境中,十分适合在后期维持孤独症儿童已学会的技能。

---

① 宋春兰,段桂琴,姚海玲,等.自然情景教学治疗儿童孤独症的临床评价[J].中国实用神经疾病杂志,2020,23(19):1703-1707.

2. 合作学习法（Cooperative Learning）

合作学习法是一种以团队合作为基础的教学方法。该方法将学生分成小组，学生在小组内互相交流、讨论，合作完成任务，从而促进学生间的互动和合作，提高学生的学习效果。合作学习法可以运用于各种学科，如数学、语文、科学等。合作学习法的主要目的是：（1）鼓励学生思考、讨论并分享自己的看法，提高学生的思维能力；（2）激发学生的学习兴趣和动力，提高学生的参与度和学习成绩；（3）培养学生的团队精神和合作能力，提高学生的集体意识和社交能力。

合作学习法通常可以分为以下几种形式。

（1）小组讨论：学生们分组进行讨论，主要目的是让学生们在互相交流的过程中，共同解决问题，分享知识与经验。

（2）同伴教学：把学生分成两个角色，即学习者和导师。导师教授学习者知识和技能，而学习者则负责学习并向导师提出问题。这种方法可以帮助学生们更好地理解和掌握知识。

（3）互动学习：学生们分小组进行任务，通过各种互动方式（如角色扮演、模拟情境等）来完成任务，以增强学生的合作能力。

（4）案例学习：将学习内容依据实际案例进行分析和研究，使学生能够更好地理解知识，并将其应用于实际生活中。

合作学习法可以帮助学生更好地学习，提高学生的合作能力和社交技能，增强学生的自信和动力。

（三）支持性课程中常用的教学方法

1. 回合式教学（Discrete Trial Training，DTT）

回合式教学是由美国心理学教授洛瓦斯以应用行为分析学为原理发展起来的一套教导孤独症儿童的教学模式，主要是通过一对一的行为教学方法，改善孤独症儿童的临床症状。回合式教学是运用任务分析法，将学生需要达成的目标分解成容易完成的子目标，采用强化的行为原则，依据一定的强化比例进行多回合的训练，使得目标达成率达到既定标准。它主要包括发出指令、反应、辅助、强化、停顿5个核心步骤，即干预者发出一个指令后，如果孤独症儿童做出正确反应，干预者就给予强化,然后停顿,表示这一回合干预结束,进入下一个回合;如果儿童没有反应或者反应错误,停顿一会,重新发出指令,若还没有反应,就给予辅助[①],待孤独症儿童做出正确反应后,给予强化,然后停顿,表示这一回合结束。

回合式教学广泛应用在孤独症儿童个别化教学中,从基础的命名到更进阶的情绪认识、心理理论,都有研究证明回合式教学的有效性。

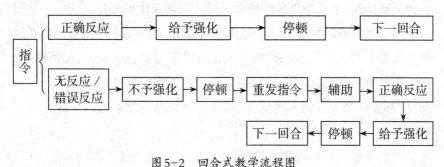

图5-2 回合式教学流程图

2. 图片交换沟通系统(the Picture Exchange Communication System,PECS)

图片交换沟通系统由美国学者Bondy(邦迪)和Frost(弗洛斯特)于1985年设计开发,是一套旨在帮助重度、无口语的孤独症以及沟通障碍儿童利用图片来交换物品和表达需求的沟通辅助系统。过往研究证明,PECS能够明显增加孤独症儿童的功能性沟通行为和社会交往,提升其共同注意力,同时降低其问题行为出现率,促进孤独症儿童产生自发的、具有功能性的沟通行为。PECS能够激发孤独症儿童口语的产生,并促进口语的发展。此外,PECS还有效地结合了其他循证实践的要素,如差别强化、时间延迟、儿童选择,以及自然情境干预。[②]完整的PECS干预过程分为六个阶段,包括:(1)以物换物;(2)拉远距离和增加自发性;(3)图

---

① 王振洲.孤独症儿童PRT干预模式的运用与反思[J].四川文理学院学报,2013,23(05):80-83.

② 胡晓毅,范文静.运用图片交换沟通系统改善孤独症儿童需求表达及攻击行为的个案研究[J].中国特殊教育,2014(10):40-45.

片辨别；(4)句式结构；(5)回应"你想要什么"；(6)评论。PECS的六个训练阶段不断递进、深入，后一阶段任务的实现以前一阶段或前几阶段的训练为基础，即前一阶段的训练达到既定标准后才能进入下一阶段的训练。[①]

3. 社交故事教学法(Social Story)

Carol Gray(卡罗尔·格雷)于1994年首次采用社交故事教学法作为一种干预措施，来帮助孤独症谱系障碍人群解决他们的社交问题。社交故事是由父母或教师撰写的个性化短篇故事，目的是客观地与患有孤独症的人分享有关个人、技能、概念或情况的重要信息。例如，如何社交、澄清含糊事物的概念和有针对性地解释令人困惑的情景。它融合了启动、任务分析和视觉提示等元素，用于帮助孤独症谱系人群更好地融入社会。

社交故事由描述句(客观描写事实以及/或者众所周知的信息)和以下一种或者多种句型组成：观点句(描写他人的想法、感觉以及/或者信仰)；三种指导句(用于为听众的回应提供建议、为团队的回应提供建议以及自我教导)；肯定句(加强前后句子的意思)；以及部分句(鼓励听众参与并检验听众理解程度)。

> 案例：A幼儿园的学生杜杜，在集体活动中被反映对小朋友有推搡、说脏话的攻击性行为，因此资源教师通过社交故事法来矫正杜杜的问题行为。通过贴近生活的社交故事，杜杜开始认识到自己的不当行为，教师反映学生的问题行为在实施社交故事两个星期后有明显的减少。

---

① BONDY A S，FROST L A.The picture exchange communication system[J]. Focus on Autistic Behavior，1994，9(3):1-19.

表5-1　社交故事脚本与摘页

文本	写真脚本
我喜欢交朋友	杜杜和小雨并排微笑的照片
但有时候我的行为会吓到别人	小朋友瞪大眼睛看杜杜的照片
在班里和小朋友们在一起时	大家一起玩的集体照
如果我推了他	杜杜推小朋友的照片
或者说了脏话	杜杜说话的照片
他会不开心	小朋友不高兴的照片
或者他会告诉老师	小朋友和老师说话的照片
我应该轻轻地拍拍小朋友	杜杜轻轻拍小朋友的照片
看着小朋友的眼睛说话	杜杜和小朋友对视的照片
这样大家都会觉得我是有礼貌的好孩子	小朋友给杜杜竖大拇指的照片
老师会夸奖我	老师给杜杜竖大拇指的照片
小朋友也愿意和我玩	杜杜和喜欢的小朋友一起玩的照片

第二节　孤独症儿童幼小衔接的教学目标

　　教学开展和实施的基础是制定教学目标,教学目标建立在课程体系和学生自身需求与表现上。对幼小衔接阶段的孤独症儿童来说,最终的教学目标是帮助其适应小学学习生活。但由于孤独症儿童各自能力水平的不同,细分后的各个教学领域目标也有所不同。制定贴合孤独症儿童个别化需求的教学目标首先要从专业的教育评估入手。

一、孤独症儿童幼小衔接的教育评估

(一)评估工具

　　基于已有的教育评估工具、区域孤独症儿童幼小衔接的现状调研、家校访谈和观察、干预结果,形成了具有区域特色的《区域孤独症儿童幼小衔接教育评估量表(自编)》(见图5-3),该评量表包含了自我服务、社会交往、情绪行为、言语沟通、学习适应五大模块,涉及了幼儿园五大领域以及部分小学适应性生活需要掌握的能力与技能。教师可以通过该自编表对学生的能力进行评估,判断该生的幼小衔接准备等级,以便为孤独症儿童提供更加优质和到位的幼小衔接服务。

一级目标	二级目标	三级目标	评量			
			无需支持3	需少量支持2	需大量支持1	无法完成0
1.自我服务	1.1自我照顾	1.1.1能独立饮食				
		1.1.2能使用饮水机接水				
		1.1.3能在规定时间用餐完毕				
		1.1.4能收拾餐具				
		1.1.5能独立如厕				
		1.1.6能穿脱衣物、鞋子				
		1.1.7能做好个人卫生(洗手、洗脸、刷牙)				
		1.1.8能保持穿戴整洁				
	1.2自我了解	1.2.1能说出姓名、性别、年龄				
		1.2.2能说出学校及班级				
		1.2.3能说出家庭地址				
		1.2.4能说出主要照看者电话				
		1.2.5能说出自己喜好				
		1.2.6能说出自己优点				
	1.3自我决定	1.3.1能按照自己喜好做决定(如衣物穿搭、活动选择等可选事件)				
		1.3.2自我决定中能表达自己的兴趣、需求、能力				
		1.3.3能在自我决定后有行动跟进				
		1.3.4能调整方法实现自己的目标				
	1.4自我监控	1.4.1能离开陪伴,独自上课				
		1.4.2能整理自己的东西				

图5-3 《区域孤独症儿童幼小衔接教育评估量表(自编)》(部分)

(二)评估方法

通过访谈、直接观察、生态评量等方式,结合上述教学评估工具对孤独症儿童的能力水平进行全面精准的评估。

访谈可以与孤独症儿童本人或者他平时日常或定期接触到的人(例如,教师、家长)进行。在访谈的过程中需要注意多以"什么"和"何时"进行行为角度的提问,而非"为什么"的问题。这是为了避免该类问题引发对心理现象的解释,而这些内容对客观了解孤独症儿童目前现状的价值较小。

访谈的内容也可以通过直接观察来进行佐证或者推翻。直接观察能够更直观地看到孤独症儿童在自然环境中的行为和状态,教师能够直接了解孤独症儿童的特征、行为模式和习惯。直接观察的工具通常是"ABC行为记录表"。教师可以通过对学生行为的记录了解到某些行为的前因后果,充实评量资料。"ABC行为记录表"的"ABC"分别是指A前事,B行为,C后果。也就是说,A和C分别指目标行为B之前和之后发生了什么,这里要求时间临界点非常接近,有时甚至是几秒之前或之后的事情。具体内容见下图(5-4)。

日期/课堂	前事A		行为B		后果C	最后的结果	可能的功能
	环境事件	立即前事	行为	频率/时长			求关注/逃避/自我刺激

图5-4　ABC行为记录表

生态评估会大量收集关于孤独症儿童个体及其生活和学习环境的资料。其中影响其行为的因素包括生理状态、物理环境(如灯光、座位安排、噪声程度)、人际互动、家庭环境等,都是教师在制定教学目标时可以参考的信息。

二、孤独症儿童幼小衔接教学目标的制定

(一)教学目标的筛选

通过教学评估,教师会发现孤独症学生需要进行干预的目标往往有很多个,但是是否所有的目标都需要加入教学计划进行干预? 什么样的教学目标需要优先进行干预? 这需要教师进行一定的判断和筛选。针对孤独症儿童教学目标的筛选,应遵循以下原则:

1. 教学目标是否属于先备技能

有些行为看似不重要但需要被选为教学目标,因为它们是学习其他重要行为的必要先备技能。

2. 教学目标是否能帮助学生进入重要环境

例如,教导学生要规范地完成作业、对教师有礼貌、在上课期间保持安静等,这些行为作为教学目标是为了帮助孤独症学生更好地融入普通班级,进而接受融合环境下的教学方案的。

3. 教学目标是否与孤独症学生的年龄相符

即便有些孤独症儿童的个别能力较为落后,也需要为其选择适宜年

龄的教学目标。例如，一个8岁学生的大动作能力较为落后，但是婴儿爬行的训练也不适宜成为他的教学目标。

4. 优先干预给孤独症学生或他人带来危险的行为

比如学生无法识别红绿灯乱闯马路，攻击别人或伤害自己的行为等需要进行优先干预。

5. 优先选择长期性的问题或缺陷作为目标

一个长期性的问题行为（如霸凌）或技能缺陷（如缺乏社会互动技能）应该优先于间歇性或最近浮现的问题而被选为目标。

6. 选择教学目标时应着眼于学生未来技能的发展以及是否有利于独立自主

要用发展的眼光来制定学生的教学目标，并且注重孤独症学生未来独立自主的可能性。帮助孤独症儿童更好地融入普校环境所要做出的努力不仅仅体现在个训课或集体课堂当中，普校的日常生活场景也可以是教学的环境与场所。例如，在学校餐厅独立完成倒餐盘的行为也可以是一个教学目标。

7. 优先选择能降低他人负面关注、对重要关系人产生增强作用的目标

例如，学生在集体课上不举手就随意插话，随意拿班级里同学的物品等容易引起他人负面反应的行为需要考虑优先干预。在进行孤独症儿童融合教育的过程中，周围环境的正向反馈更有利于学生融入环境。

8. 优先选择成功率更高的教学目标

在时间和资源有限的情况下，孤独症学生的每个问题和技能缺陷难以全部进行干预。在这种情况下，选择成功率更高的行为，能够让学生更容易感受到达成感，建立自信，也能够提高教学效率。

(二)个别化教育计划

在做好教育评估、确定好教学目标后，最重要的步骤是制订孤独症学生的个别化教育计划。个别化教育计划是需要多方协同制订和多方协同实施的、满足孤独症儿童个人需求的教育计划。它能够帮助老师更加有规划和有针对性地进行孤独症儿童的教学工作。

1. 概念界定

1975年,美国在《所有残疾儿童教育法案》中明确规定为每名特殊学生发展个别化教育计划(Individualized Education Program,IEP)。此后,个别化教育计划作为特殊儿童接受适当教育的保障,受到许多国家和地区学者们及政府的重视[1],我国也于20世纪80年代开始引入IEP概念。

个别化教育计划强调特殊儿童需求的"个性化",同时也强调执行过程中教育团队的合作。个别化教育计划在具体的制定和实施中最主要的特点表现在:一是对学生各方面的情况有详细而全面的评价和描述;二是对每一名学生的学习目标和所要求的教学结果有明确而详细的陈述;三是根据每一名儿童个体学习需求,允许教授不同的内容或达成不同的教学要求;四是教学形式和教学实施的途径灵活,可根据学生的学习需要采取团体教学、小组教学、个别教学、家庭教育等;五是可根据学生个人能力灵活选择教学方法、灵活安排学习时间。[2]

综上可见,个别化教育计划是为了满足特殊儿童个别化教育需求、落实个别化教学而制定的适合学生发展、支持其成长的文件,它能够在一定期限内规划和保障学生的学习。

2. 个别化教育计划的制定

个别化教育计划的内容形式根据国家、地区、使用场景的不同也会有一定的区别,但大致上都有学生基本情况、长短期目标、各类服务及辅助、评量标准、目标达成情况等板块。在制定孤独症学生的个别化教育计划前,需要先经过教育评估和召开个案IEP会议两个步骤。其中,教育评估是对孤独症儿童包括认知能力、沟通能力、情绪、人际关系等方面进行评量观察,以了解学生的基本情况,为后期制定目标与计划奠定基础。个案IEP会议的召开需要学校教师、专业的资源教师、孤独症方面的专家、学生家长、行政人员等相关人员的参与。会议的作用主要是对学

---

① 郑蔚洁.上海市小学随班就读学生个别化教育计划调查研究[D].上海:华东师范大学,2011.

② 袁红梅,张之发,庞再良.中重度智障儿童个别化教育计划实践研究[J].中国特殊教育,2009(10):29-34.

生的现阶段能力、学习目标、需要提供的服务进行商讨,形成一致的教育干预计划。

以下为个别化教育计划中通常出现的项目介绍。

(1)学生基本信息

学生基本信息包含学生姓名、性别、出生日期、诊断、家庭信息、强化物、健康状况、过往的生育史、发展史、教育史以及家庭资料等。

一、 基本信息

学生姓名:＿＿＿＿＿＿ 性别:＿＿＿＿ 出生日期:＿＿年＿＿月＿日

语言智商:＿＿＿＿＿＿操作智商:＿＿＿＿＿总智商:＿＿＿＿＿

智商测试单位:＿＿＿＿＿＿＿＿＿＿＿＿＿＿＿＿＿＿＿＿＿＿＿

社会适应能力:＿＿＿＿＿＿社会适应能力测试单位:＿＿＿＿＿＿＿

所在班级:＿＿＿＿ 家长姓名:＿＿＿＿＿＿ 联系方式:＿＿＿＿＿

家庭地址:＿＿＿＿＿＿＿＿＿＿＿＿＿＿＿＿＿＿＿＿＿＿＿＿＿＿

喜欢的食物及物品:＿＿＿＿＿＿＿＿＿＿＿＿＿＿＿＿＿＿＿＿＿＿

喜欢的娱乐方式:＿＿＿＿＿＿＿＿＿＿＿＿＿＿＿＿＿＿＿＿＿＿＿

性格（打√）:活泼（　　）内向（　　）暴躁（　　）顽皮（　　）

生育史概述:
发展史概述

图5-5　IEP中学生基本信息

(2)教学评估结果

该部分包含了前期对学生教育评估和生态评估的结果,对学生各项能力(认知、沟通、社会情绪、动作发展、适应行为等)的现状进行的评估

117

与分析,通过明确各领域能力的优弱势,进一步进行潜能开发的推断,从而进行下一步长短期目标的制定。

表5-2　IEP中教学评估结果举例

领域	能力现状分析		
	优势	弱势	潜能开发
社会情绪	平行游戏、假扮游戏、象征游戏、同侪模仿	安慰他人、遵守游戏规则、心理理论、人际互动	根据优弱势判断,学生可以通过融合伙伴一起玩社交游戏,从中增进规则理解,共情他人,丰富社交语言

(3)长短期目标

基于学生的需求和发展设定的能够进行衡量与跟踪的目标就是长短期目标。孤独症学生的教育长短期目标是其个别化教育计划中非常重要的部分,长短期目标是基于评估与观察结果拟得的目标草案,再在个案IEP会议上进行多方讨论制定而成的。在该部分可针对学生状况提出教学或康复建议,并让家长在家中对学生进行一些相关训练。

表5-3　IEP中长短期目标(部分)

领域	长期目标	短期目标
认知	提高分类能力	能够将3种类别7张图片按照类别进行分类(如:动物、食物、交通工具、文具等)
	提高排序能力	能够将3至4张图片按照逻辑顺序进行排序
	提高辨识反义词的能力	能够以接受性/表达性的方式辨识反义词
	提高心理解读能力	能够进行物理/心理状况的区分; 能够进行真实/心理状态的分辨

(4)家长建议与希望

在个案IEP会议上向家长讲解完学生的相关情况及为学生制定的长短期目标,让家长对学生在园在校情况有所了解后,再让家长提出未来对学生发展的建议与希望。

3. 个别化教育计划的调整

(1)确定需要调整的方面

在实施一段时间的IEP后,根据学生在前段时间内的学习状况、表现及IEP的内容,确定需要调整的IEP方面,如:教学目标、教学方法等。

(2)与家长和其他教师进行沟通

与家长和其他教师进行沟通交流,了解学生近期在园在校的表现和需要,根据家长和其他老师反映的情况考虑需要调整的IEP的方面及内容。

(3)更新IEP

在跟家长和其他教师沟通了解其需求和建议后,对IEP进行更新和修改,以期满足学生的需求。

(4)实施新的IEP

实施新的IEP,并对学生的学习情况和学习进度进行记录。

(5)IEP案例

①个别化教学目标案例

飞飞,7岁,目前就读于学校一年级,被诊断为孤独症谱系障碍。通过观察以及VB评估发现,学生的基础学业技能比较好,可以完成基本日常物品的命名,并且具备一定的识字能力,日常基本的听反能力和动作模仿能力也比较好。在集体教学中,学生注意力尚可,但情绪控制较差,遇到困难时常在上课的时候尖叫,并且主动性语言较少,多为仿说,对话能力较弱,语言结构也非常简单。学生对主动命名已经有了一定的掌握,但是对于形容词等的运用和理解还有待提升,在听指令方面对于多重条件容易混乱。同时,在认知方面,学生有一定的数前概念,但对方位词的理解混乱,也不太理解比较、分类的概念;在动作发展方面,学生的指令和模仿还需要加强,比如多步动作、自然环境下的模仿。

表5-4　某孤独症学生幼小衔接IEP举例

个别化目标	长期目标: 1.提高对形容词和副词的理解能力; 2.在集体环境中能够模仿老师的手势动作; 3.在集体环境中可以听从老师的特定指令; 4.能够理解基本方位词	
	短期目标: 1.能比较快慢; 2.能理解里外; 3.能分类零食与水果、蔬菜; 4.能模仿两个新的三步动作	
训练方法	DTT、NET、SSR	
教学准备	强化物、积木、卡片	
教学计划	教学内容	周期安排
	常规建立	1周
	比较快慢	2周
	理解里的概念	1周
	理解外的概念	1周
	认识里外	1周
	理解物品分类	1周
	物品类别匹配	1周
	两类物品分类	2周
	三类物品分类	2周
	动作模仿	1周
	三步动作模仿	2周

　　教师结合学生的基础能力,确定其个别化教育目标,为学生制定相应的教学计划,并开展相应的学习内容的教学活动。通过学习,飞飞的比较、分类能力有了很大的进步,在课堂当中也能越来越配合老师,指令

孤独症儿童幼小衔接的理论与实践探索

听从等方面有了较大的进步,能够完成更复杂的指令,在自然环境中的模仿能力也有所提升。在与人交往过程中,飞飞也能够适当地表达自己的喜好,与他人建立较好的人际关系。本次教学计划的实施,进一步发展了飞飞的认知进阶技能,提高了其基础逻辑能力,飞飞的主动性语言表达进步较大。

②集体教学目标案例

孤独症学生在小学的集体教学过程中,由于自身障碍中的情绪障碍,对他人情绪的感知不敏感,不能较好地感知情绪变化等问题。教师在集体教学过程中制定普通学生的教学目标的同时,要针对孤独症儿童制定较为适切的符合孤独症儿童需求的教学目标,帮助儿童更好地理解课堂内容。制定孤独症儿童的教学目标以及对孤独症儿童课堂活动的独立设计,能更好地帮助孤独症儿童参与课堂活动,让集体教学活动组织更加有序,这样的教学设计能够满足孤独症儿童的学习需求,减少孤独症儿童在集体教学过程中的适应焦虑,增强教师对孤独症儿童的认识和理解,促进友好课堂教学氛围的形成。

下面以一年级小学语文"我说你做"的教学设计为例进行说明。

表5-5 某孤独症学生普小一年级语文课教学设计

设计思路		
一年级的孩子刚入学不久,课堂纪律规范意识还比较薄弱,不宜说教过多,应紧扣儿童好玩、乐玩的心理,用游戏形式展开教学。让儿童在真实的交际情景中展开交际,落实教学目标。精心设计的交际环境来源于日常对学生的课堂观察,因此,孩子间的交际活动也是真实的。这节课让孩子具备"说话时让别人听得见,别人说话时注意听"的意识,培养其倾听的习惯		
	普通学生	特殊学生
教学目标	1.在真实的情景中进行口语交际,根据听众反应明确"说话要大声,但不叫嚷,要让别人听得清楚、明白"的特点; 2.在游戏中自主发现,在别人说话的时候,要注意认真倾听,想清楚,把指令听完整后再做; 3.积极参与交际,懂得与人交际要尊重他人	能简单说出一些指令; 能根据其他学生的指令,做出简单的动作反馈; 有主动与人交往的意识,在交往中尝试看着对方的眼睛

教学重点	大声说指令,别人说话时记得倾听	能够说出部分指令,并学会做出动作
教学难点	别人说话你来倾听	别人说话你来倾听
教学准备	"小小发令官"的标志卡、奖励卡、板贴	"小小发令官"的标志卡、奖励卡

教学过程			
教学阶段	教师活动	普通学生活动	特殊学生活动
一、游戏热身 (一)游戏热身 (二)导入课题	"请你跟我这样做"。游戏内容:包含"摸鼻子""拉耳朵""做兔耳朵""坐端正"这样四组动作。 小朋友们都看着老师的动作,把动作学对了。接下来,老师只发口令,看看哪些小朋友会听,会做。 指令:男生摸鼻子,女生拉耳朵	根据老师的示范动作,做出"摸鼻子""拉耳朵""做兔耳朵""坐端正"的样子。 男生摸鼻子,女生拉耳朵	做出"摸鼻子""拉耳朵""坐端正"的动作。 摸鼻子。
二、示范游戏,发现要点 (一)活动1 发现"听"的秘诀。	1.开展游戏。请第一组学生上台表演。台下的小朋友当裁判员,评选谁是"最佳裁判员"。 游戏内容:我说,你做 学会注意听。 指令一:请你拍3次手 指令二:请你变成一个捶胸的大猩猩 2.请同学评价,根据学生的发言,相机贴板书:我会注意听	1.第一组同学上台表演拍手和捶胸的动作。其他小朋友做评委。 2.及时做出评价	1.坐端正,做一个文明的小评委。 2.认真听其他小朋友的评价
(二)活动2 发现"说"的秘诀。	1.开展游戏。请一名"小小发令官"上台,佩戴好"小小发令官"标志,第二组参与游戏。 游戏内容:你说,他做 学会大声说。 指令:男生请站立,女生请蹲下。 2.台下的小朋友,请你夸夸发令员。并相机板书:我要大声说	1.男生请站立,女生请蹲下。 2.夸夸发令员	1.戴好"小小发令官"标志,发指令,并提醒孩子眼睛看着全班同学。 2.认真听其他小朋友夸奖他

(三)活动3 发现当好发令 员的秘诀	1.开展游戏。分别请第三组、第四组和全班学生参与游戏。 游戏内容:我说,你做 口令:请抬起你的一条腿,变成木头人。 口令:请举起手高过头顶。 口令:请举起左手,变成木头人。 2.夸夸发令员。小小发令员们,不但要学会发令,还要会评判谁做对了谁做错了	1. 第三组、第四组和全班学生参与游戏,并完成口令。 2.夸奖发令员	1.完成口令: 请抬起你的一条腿,变成木头人。 请举起手高过头顶。 请举起左手,变成木头人。 2.夸奖发令员
三、歌曲操练, 乐享交际	1.播放《幸福拍手歌》曲目。 2.有时,歌曲里也藏着"你说我做"的游戏呢! 小朋友们起立听音乐做动作	跟着视频做出动作	认真看视频,并学习做动作
四、指令拓展, 连接日常	1.开展游戏。小朋友们,"我"发现简单的指令难不倒你们,要提高难度。口令:请打开书第14页,再把书扣在桌子上。 2.开展游戏。口令:把书合上,和文具盒一起放进抽屉,然后坐端正。要点评价:学生往往刚听到第一个分句就迫不及待地开始做,教师要及时引导。 3.自由练习	1.打开书本14页。 2.开展游戏,注意等说完再做哦。 3.同桌之间互相练习,引导学生注意看同桌的眼睛,再练习说话。 4.起立,请同学们跟老师说再见	

第五章 区域孤独症儿童幼小衔接的教学实践

第三节 孤独症儿童幼小衔接的教学调整

确定孤独症儿童在幼小衔接过程中的个别化教育计划（IEP）后，各阶段（幼儿园、暑期、小学）的教学都要围绕IEP进行设计，并在教学实施过程中依据学生需求及时做好教学调整。综合考虑教学过程中的各要素，本节主要介绍在集体教学过程中，如何根据孤独症儿童的身心发展特点，对"教学环境、教学目标、教学内容、教学用具、组织形式和作业任务"进行教学调整，助力孤独症儿童实现顺畅的幼小衔接。

一、调整教学环境

教学环境是指在教学活动的组织和实施过程中的物理环境以及心理环境。创设适合孤独症儿童学习特点的教学环境有利于孤独症儿童理解教学信息，提升学习兴趣，充分参与教学过程，独立完成学习任务，减少教学活动中的情绪行为问题，对孤独症儿童的发展具有重要意义[①]。

（一）物理环境

孤独症儿童在学校学习的主要物理环境就是教室，因此教室环境的布置和调整需要与他们的学习特点、能力、需求相匹配，从而提高学习效率，降低问题行为出现的可能性。

---

① 吴曼曼，胡晓毅，刘艳虹.国外孤独症儿童教学环境创设的研究现状及启示[J].现代特殊教育,2017(12):56—63.

1. 教室空间规划结构化、视觉化

孤独症儿童喜欢结构化的物理环境,即教室中有功能性的活动区域和明确的视觉标注。如此他们才能够充分了解教学要求、活动要求、学习任务与环境之间的关系等,才能知道自己在什么地方该做什么事情,从而减少由不确定感所带来的焦虑、紧张情绪,将注意力放在学习活动上。

幼儿园的教室布置往往都比较结构化、视觉化,区域也比较丰富,能够充分满足幼儿的学习与活动需要。如教室内有午睡区、绘本区、手工区、点心区、如厕区、建构区等等。这些区域都会用矮柜、地毯、墙壁、桌椅等进行分割,且有大量的图画、文字作为视觉提示,孤独症儿童能够很清楚地知道每个区域的功能。当教师提出要开展手工活动时,他们就能够自主地进入到手工区。

进入小学后,班级里的区域划分和视觉提示会大幅度减少,孤独症儿童变得不知所措,如找不到座位、找不到卫生间、不清楚如何使用教室内的设备等等。故在孤独症儿童进入小学前,小学管理者和班主任需要充分考虑孤独症儿童的学习特点,对学校及教室做详尽规划和布置,尽可能地结构化和视觉化。同时利用暑假时间,用图文并茂的方式制作一本"学校和教室使用说明书"和生动形象的讲解视频,向孤独症儿童介绍小学的环境,如整个学校的平面图、各场所之间的行经路线、教室的功能区域等,再带他们进入小学去提前适应新的环境及变化,以保证孤独症儿童进入小学时能够对新的环境有充分的认识和了解。

2. 时间安排流程化、秩序化

物理环境的调整除了空间上的结构化和视觉化,还包括时间上的流程化和秩序化。

时间是非常抽象的概念,却是我们维持每天正常生活非常重要的工具,对于孤独症儿童同样如此。但是他们对时间的感知与把握却比普通儿童存在更多的困难,如他们不知道随着活动的进行,时间在流逝,从而不愿意结束自己喜欢的活动;他们不明白未来发生的活动需要等待;也不知道需要等待多久,无法预测下个活动是什么。综上,开展孤独症儿童教学的物理环境中应该要有一日生活的时间安排、某个活动的具体流程等。

幼儿园在物理环境上往往缺乏具体的一日活动安排,存在比较大的灵活性和变动性。这对于孤独症儿童适应幼儿园的生活是一个巨大的挑战。如有位上大班的孤独症儿童小新,根据老师当天的安排,他需要和伙伴们一起去中二班开展"大手牵小手"的活动,但是老师并没有对活动开展的具体要求、流程和时长作详细的说明,导致小新去了一个陌生的环境后,非常好奇且不适应,根本不听从老师的安排,也不愿意等待,因为他也不知道要等待多久。整个活动中他显得异常冲动和焦虑,出现了踢人、打人、乱跑等问题行为,严重影响了整个活动的开展,也给同伴们留下了"不听话、捣乱、不要和他做朋友"的印象。发现这个问题后,课题组向该幼儿园园长和带班老师详细介绍了孤独症儿童的这一特点,带着老师们重新改造了教室环境,制作了专属于小新的一日生活流程和评价表,张贴在教室前面。每天早上到校后,教师都会指着流程图上的活动安排向小新详细介绍今天一天他需要做的事情,每件事情做完后还会对其表现进行评价,根据一天获得的大拇指数量进行奖励。经过教学环境的调整后,小新对自己当天要做的事情有了充分的了解,不仅降低了焦虑水平,也很少出现因为不确定感而频繁地问同一个问题的情况,配合度也有了明显提高。幼儿园时期帮助孤独症儿童学会看懂并执行流程图对他们适应小学生活乃至今后的学习生涯都有着举足轻重的作用。

小学的时间流程图会直接体现在课程表上,课程表贴在公告栏或黑板旁,且每个星期基本是一致的。这对于孤独症儿童适应小学生活具有非常重要的作用。暑期时,孤独症儿童可以提前获取小学的课程表,在教师或家长的指导下读懂、理解并且遵守课程表。但是小学阶段还应该对一些常见的活动流程作出详细的视觉化的任务分解和说明,制作成视觉流程图张贴到教室相应区域或者孤独症学生的课桌上,如到校后学生应该做什么,课前准备什么,课间可以做什么,放学流程是怎么进行的等等。这些看似"很小"的事情对孤独症儿童而言需要反复提示才能形成常规并且严格遵守。

3. 满足特殊需求

对大部分孤独症儿童来说,空间上的结构化、视觉化和时间上的流程化、秩序化已经能够在一定程度上帮助他们适应教学环境,但是部分孤独症儿童存在着一些感知觉方面的异常,所以在物理环境的调整上,还应该考虑到这些特殊的需求。如对听觉敏感的孤独症儿童,环境中需要尽量减少无关的听觉刺激的干扰,保持教室的安静,或者为他们提供降噪耳机等;对视觉敏感的孤独症儿童,可以将他们的座位远离室外光线,环境布置尽量简单,避免视觉过度饱和;对注意力有缺陷的孤独症儿童,将他们的座位排在老师关注最多的区域;对有前庭觉需求的孤独症儿童,则可以为他们提供一些特殊的椅子,如独角凳、装有大龙球的椅子(见图5-6)等。

图5-6　满足孤独症儿童的前庭觉需求的装有大龙球的特殊椅子

(二)心理环境

物理上的教学环境调整只能让孤独症儿童"看起来"融合得不错,幼儿园和小学都应该努力构建一个安全愉悦、包容接纳的心理环境,从而实现高质量的衔接与融合。

1. 安全愉悦

根据马斯洛的需要层次理论,孤独症儿童除了生理需求,同样有安全、归属与爱、尊重和自我实现的需求。由于他们对身边的危险缺乏足够的认识,对痛觉并不敏感,语言表达能力较差,因此转衔期的各阶段教学首先要保证环境的安全与愉悦。如教室内的尖角要用防撞条包好,地面要平整,桌椅要适合学生的身高;要经常关注他们,及时发现安全隐患并消除。环境中要有孤独症儿童喜欢的玩具、教具和设施,如小型蹦床、触觉球、棋类、声光玩具等,让他们喜欢这个教学环境、愿意待在里面学习。只有身处这种安全愉悦的环境中,孤独症儿童的心理才能健康向上,并积极参与各类学习活动。

2. 包容接纳

包容接纳的心理环境给予了孤独症儿童尊重与归属感,而做到这一点需要政策的出台和推动、园长或校长的倡导与监督、教师态度与行动的转变、同伴及家长的引导与支持。从微观的班级环境来说,最关键的还是教师的言传身教,它直接影响同伴对孤独症儿童的包容与接纳、及良好融合氛围的形成。

不论是幼儿园还是小学教师,都需要一颗柔软的心去理解、包容、接纳孤独症儿童,尊重个体间的差异,挖掘他们的潜能,引导普通儿童发现他们身上的闪光点。值得注意的是,有时候不是老师故意流露出对孤独症儿童的"嫌弃",而是下意识、不经意地表现出来的。如有次孤独症儿童丁丁在幼儿园午睡期间睡不着,非常无聊,竟然抠出了污秽物放在嘴巴里。普通人发现后的第一反应可能是惊讶、生气、厌恶、大声制止的,但是这样的反应不仅会吵到部分小朋友,让事态扩大、"丑事"曝光,更会加深同伴对丁丁的不良印象,变得非常不喜欢他。好在,这位老师体现出了仁厚的教师素养,悄悄地擦掉了丁丁手上的污秽,检查他是否身体不适,并轻声提醒他要好好睡觉,然后陪着他以防再出现同样的事情,并且在教学中给予丁丁表现的机会,大力表扬他,引导同伴认识到"每个人都有优势,也有不足弱点",创建了积极、包容、接纳的心理环境,所以丁丁小朋友的融合之路才比较顺利。

二、调整教学目标

教学目标是关于教学将使学生发生何种变化的明确表述,是指在教学活动中所期待得到的学生的学习结果。虽然我们已经为每一个孤独症儿童制定个别化目标,但是在实际的教学过程中,仍需要实时调整,并且根据每节课的具体目标进行细化。

(一)教学目标调整原则

1. 能不调则不调

对于智商正常或轻度障碍的孤独症儿童,其教学目标如果能够在支持下达成,则无须调整,这样更有利于融合与学业进步。支持手段可以分为示范、视觉提示、口头提示、手势提示等。如孤独症儿童能够在洗手步骤图的支持下独立洗手,则应该和同伴们一样,将"学会正确洗手"作为教学目标之一。

2. 能少调就少调

在教学时,为避免突出孤独症儿童的特殊性,应遵循最少介入原则,尽量让孤独症儿童和普通儿童达成一致的教学目标,能少调就少调,否则不利于孤独症儿童的融合。当然,在教学设计上,教师应该采用通用学习设计,通盘考虑全班同学的教学目标、学习风格和学习过程,通过向学生提供丰富的学习支持,减少学习的障碍,使所有的学生都拥有学习的热情。

(二)教学目标调整方法

调整教学目标是指孤独症学生与普通学生学习基本相同的课程内容,但是适当降低课程的深度和难度,即"同教材、同进度、异要求"。我们可以依据学生的认知水平和智商分数来区分教学目标的层次。如智商在40以下的孤独症学生,认知发展基本处于感知运动阶段,那么认知领域的目标可主要设置为识记。而智商在40—54的学生处于前运算阶段,可将目标拓展为识记、理解。对智商在55—69的处于具体运算阶段的孤独症儿童,我们可以为其制定指向识记、理解和运用的认知领域目标,而减少综合、分析等目标。智商在70—85的孤独症学生大部分处于形式运算阶段,教师可将认知领域的目标拔高到分析归纳和综合运用等。除了调整教学目标,还可以从"降低目标"和"补充目标"两方面来调整。

1. 降低目标要求

(1)减少数量

在进行教学目标制定时,首先根据学生的认知发展水平,将目标的层次锁定在相应的范围,减少超出认知水平的目标。如在幼儿园的语言课中,教师借助国庆节作业"画出我的国庆旅程",请幼儿说出自己国庆期间旅游的出发地、目的地、使用的交通工具、旅行的趣事等。对表达能力欠佳的孤独症儿童明明,教师只要求他说出前三项,而不要求他分享旅行中的趣事。在小学语文课上,也可以减少孤独症儿童每节课的识字数量等等。

(2)降低难度

著名教育学家布鲁姆对知识维度和认知过程进行过系统的分类,见表5-6。认知过程中最简单的是记忆,其次是理解、运用、分析、评价,最后是创造。在为孤独症儿童调整教学目标时,可以根据学生的能力适当降低教学目标的难度,如将"灵活运用、综合分析"的目标降低为"了解、知道、记住"等。

表5-6 布鲁姆认知维度和认知过程目标分类

知识维度	认知过程维度					
	1.记忆	2.理解	3.运用	4.分析	5.评价	6.创造
A.事实性知识						
B.概念性知识						
C.程序性知识						
D.元认知知识						

如在小学数学一年级上册"练习六"板块有一道涉及分析、评价的数学题,如图5-7。这对班里的孤独症学生巧巧就有些难度了,于是数学老

师为巧巧制定了个性化的目标"能够计算5以内的加减法"。在巧巧计算的基础上，由普通学生去分析规律、得出结论。

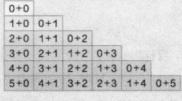
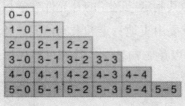

图5-7 小学数学一年级上册"练习六"中的数学题

（3）调整达到的标准

对于同样的教学目标，孤独症儿童达到的标准与普通儿童不一样，可以从独立完成的程度、完成目标的正确性、完成的熟练程度三方面来考察。

● 完成的程度。一些较难的教学目标允许孤独症儿童在提示下达成，在设定教学目标时，就需要指出提示的程度（提示从少到多分别是手势提示、口语提示、视觉提示、示范提示再到身体提示）。

● 完成目标的正确性。指目标行为表现的准确程度。如在做100以内的口算时，允许孤独症儿童的正确率比普通儿童低。

● 完成的熟练程度。指目标行为表现的熟练和稳定程度。如在朗读课文时，普通儿童规定3分钟内读完一篇课文，可以将孤独症儿童的目标设定为5分钟内读完。

（4）调整表现学习结果的方式

在注重过程性评价和表现性评价的课堂上，表现学习结果的方式可以是"说出、写出、指出、唱出、画出、舞出"等各种各样的形式。教师在调整孤独症儿童的教学目标时,可以发挥出孤独症儿童的优势,如口语表达有困难的就制定"写出"或"画出"的教学目标。目标的内容和学习的结果与普通儿童是一样的,只是方式不一样而已,表达方式的调整将极大提升孤独症儿童的课堂积极性。

2. 补充目标

教师在调整孤独症儿童的教学目标时,除了考虑他们不能做什么,更要想到他们需要什么,即补充他们的个性化目标,做到查漏补缺。如对经常离座的孤独症儿童,需要为其制定"安坐"的补充性教学目标。只要这节课他能达到这样的目标,就要由衷地肯定和鼓励他们。补充目标在集体教学中应适当,不能过多,以免影响教学。补充目标还可采用课后辅导或单独授课的方式来达成。

三、调整教学内容

教学内容与教学目标密不可分,但是两者仍有差别,同样的教学内容可以设定不同的教学目标,但是即使设定了最简单的目标,有些内容还是不适合孤独症儿童学习,那么教师就需要调整教学内容。

(一)精简

这是在教学内容调整中较为常用的一种方法,是指减少部分内容,保留最基本内容。幼儿园的教学内容以教育部颁布的《3—6岁儿童学习与发展指南》为依据,小学的教学内容则是以各科目的课程标准和教材为准。教师在深入了解各阶段的教学内容后,根据孤独症儿童自身的能力特点进行有目的筛选、精简,再在儿童的最近发展区内进行编排、开展教学。在调整的过程中,不能打乱教材或课程的系统性和逻辑关系,最好能够在保证教授各科目核心知识的同时,精简孤独症儿童教学内容,让他们学得少而精。

例如,语文课的课文越来越长,孤独症儿童的识字量却增长缓慢,这时候就需要教师有针对性地缩减课文内容,在保证课文基本意思不变的情况下,尽量保留孤独症儿童认识的字词和若干个"学生跳一跳就能够到"的字词。在孤独症儿童小小的一堂语文课上,语文老师就将课文《小白兔和小灰兔》进行精简,降低了学生学习的难度,又能学到课文所表达出的核心要义与知识内容。

课文原文:

老山羊在地里收白菜,小白兔和小灰兔来帮忙。

收完白菜,老山羊把一车白菜送给小灰兔。小灰兔收下了,说:"谢谢您!"

老山羊又把一车白菜送给小白兔。小白兔说:"我不要白菜,请您给我一些菜籽吧。"老山羊送给小白兔一包菜籽。

小白兔回到家里,把地翻松了,种上菜籽。

过了几天,白菜长出来了。小白兔常常给白菜浇水,施肥,拔草,捉虫。白菜很快长大了。

小灰兔把一车白菜拉回家里。他不干活了,饿了就吃老山羊送的白菜。

过了些日子,小灰兔把白菜吃完了,又到老山羊家里去要白菜。

这时候,他看见小白兔挑着一担白菜,给老山羊送来了。小灰兔很奇怪,问道:"小白兔,你的菜是哪儿来的?"

小白兔说:"是我自己种的;只有自己种,才有吃不完的菜。"

精简为:

老山羊在地里收白菜,小白兔和小灰兔来帮忙。

老山羊把一车白菜送给小灰兔。小灰兔收下了,说:"谢谢您!"

小白兔不要白菜,想要一些菜籽。

小白兔回到家里,翻地,播种,浇水,施肥,拔草,捉虫,白菜长大了。

小灰兔光吃白菜,不干活,吃完了又去老山羊家里要白菜。他看见小白兔给老山羊送来了白菜,奇怪地问道:"你的菜是哪儿来的?"

小白兔说:"是我自己种的;只有自己种,才有吃不完的菜。"

(二)充实

充实教学内容是指对普通教学内容进行强化或扩展以满足孤独症

学生的特殊需要,添加内容和充实技能是其主要形式。

1. 添加内容

孤独症学生的迁移泛化能力和学习动机都比较弱,故可以在课堂教学中添加一部分贴近学生生活的教学内容或与兴趣爱好相关的学习材料,以提高他们运用知识的能力,提高学习的动机。如在幼儿园的艺术课上,老师要求幼儿自行选择喜欢的图案进行涂色装饰,此时就可以提供给孤独症幼儿喜欢的警车、警察、消防车等图案,激发他涂色的兴趣,或在小学数学课中学习形状时,除了全班同学的认一认、指一指,还可以让孤独症学生在纸上画一画图形、沿着画线走一走、剪下来贴成一幅作品。这些额外添加的教学内容都有助于孤独症学生掌握相关概念。

2. 充实技能

为孤独症儿童提供的衔接课程除了基础性课程还有支持性课程。教师在支持性课程里可以增设一些补偿性和功能性的教学内容,目的在于弥补学生的不足,以增进其学习与生活的能力,如开设一对二的小组社交训练课,设计棋类游戏、合作游戏、竞争游戏等教学内容,提高孤独症儿童与普通儿童的交往、沟通能力。也可以额外增加美术、轮滑等教学内容以充分发挥他们的优势,做到扬长避短,提高技能,获得普通儿童的认可。

四、教具开发或调整

"教具",又叫教学材料或教学用具,一般是指"教学时用来讲解说明某事某物的模型、实物、图表和幻灯等的总称"[①],主要用作教学的辅助物。教具对学生的学习具有非常重要的作用,这是因为幼儿园和小学一年级的学生还处于皮亚杰认知发展阶段论的前运算阶段,在掌握知识的最初阶段必须借助视、听、触、味、嗅等感官把隐性内容直观化,把抽象内

---

① 中国社会科学院语言研究所词典编辑室.现代汉语词典[M].北京:商务印书馆,1985.

容具体化,光靠教师的讲解是无法高效地习得知识与技能的。对于孤独症儿童更是如此。在教学调整中,有必要将这类儿童的认知水平、兴趣爱好、感官偏好等纳入其中,调整教学材料使之发挥最大作用。

(一)教具的分类

教学材料依据不同的分类标准可以有不同的分法。

1. 依据抽象程度划分

教学材料从具体到抽象依次为:实物、模型、多媒体、照片、图表、文字和符号等。在幼儿园阶段,教师大多使用实物、模型、视频、照片等教具,作为导入课堂、展示新知、开展练习等的媒介。在小学阶段,教师会越来越多地使用到文字、图表等抽象程度高的教学材料。

2. 依据感官通道划分

教学材料依据感官通道来划分,可以分为触觉材料、视觉材料、听觉材料、视听材料以及综合多媒体。虽然人类具有视、听、触、味、嗅、本体、前庭和内脏觉八大基本感觉系统,但是在教学过程中,使用最多的感觉是视觉、听觉和触觉。在教学活动中,除了提供给学生视听刺激,还要多给予一些动手操作的机会和材料,让孤独症儿童"做中学",发展思维,积累经验,发展出抽象思维能力。

(二)设计教学材料

设计教学材料是指结合教学内容,针对孤独症儿童进行的个性化的教具调整。

在幼儿园的一节"认识红绿灯"的社会主题课上,教师不仅在课件上呈现了各种红绿灯的图片(这是适合普通儿童的常规做法),还将真实的红绿灯搬到了教室内,在教室里创设了过马路的情境,教导孤独症儿童看懂红绿灯并且遵守"红灯停、绿灯行"的交通规则。课后,教师根据学生表现,奖励了红绿灯模型。根据老师讲述,她认为孤独症孩子在操作红绿灯模型的过程中会加深对红绿灯的认识,而且还可以借助这个模型开展角色扮演游戏,提高社交能力。

在一年级的小学语文课中,笔画的认识与书写是重点内容。一般情况下,教师只需要将生字中的特定笔画标红,学生就能够注意到。但是对于孤独症儿童来说,复杂背景中区辨指定或重点信息的能力还不够。教师需要为其提供专门的学习笔画的教具,如在一个打印出来的生字中,用超轻黏土沿着重点笔画粘出相应的形状来,或者将笔画镂空。这两种形式都能够突出某些笔画。孤独症儿童在学习时,可以用眼睛看、用手去触摸,充分调动了视觉和触觉两种感官通道,对笔画的认识和走向形成直观、清晰和深刻的印象。

五、集体教学组织形式的调整

教学组织形式是"为了实现一定的教学目标,围绕一定的教育内容或学习经验,在一定时空环境中,借助一定的媒体,师生相互作用的方式、结构与程序"。其主要内涵包括特殊的师生互动、特殊的时空安排和教学因素的特殊组合[①]。孤独症儿童幼小衔接过程中常用的教学组织形式有一对一个训、小组课、集体教学等。最需要进行教学调整的组织形式是集体教学,课堂上可以采用合作学习、同伴教学和协同教学等形式。

(一)采用合作学习

如果一堂课的受益者只有孤独症儿童,那么这样的课堂必定不能持久。所以在集体教学中,教师应该积极创造一种合作学习的氛围,将学生分为不同的群组开展合作学习,他们接受彼此,在合作的过程中达到学习与交往能力的共同进步。孤独症学生并不仅是小组内唯一需要接受帮助的对象,他们也可以为同学提供帮助。

教师熟知每个孩子的个性特点和能力情况后,可以根据"组内异质、组间同质"的原则开始分组,一般4人为一组,不超过6人。在开展合作学习前,教师引导学生制定规章制度,落实成书面形式作为一种视觉提示以提醒学生进行自我管理。一般来讲,教师会先集体呈现课程学习目标和教学内容,简单讲解后开始分组学习,要求组内共同完成一个困难问题的讨论、学习与汇报。在角色分配上,学生可以是领导者、检查者、

---

① 黄甫全,王本陆.现代教学论学程[M].北京:教育科学出版社,2003.

鼓励者、记录者或汇报者等。教师应为孤独症儿童分配符合其能力与兴趣的学习任务,并鼓励其独立自主地完成;给予孤独症儿童表达与交流的机会;伙伴可以协助孤独症儿童完成学习,但不能包办;教导每一位儿童相互尊重。在合作学习的过程中,孤独症儿童会习得"求助"与"帮助"技能、"倾听"与"表达"技能、"建议"与"接纳"技能等。

合作学习摒弃了教师的一言堂,将课堂还给学生的同时,也促进了孤独症儿童的融合。这种教学组织形式在幼儿园、暑期和小学阶段都可以得到开展,但是幼儿园大班学生的合作学习能力还比较弱,需要教师的支持。在暑期,则应为孤独症儿童寻找年龄相仿、乐于助人、服从规则的同伴,以项目化的形式开展教学。在小学开学初期,教师就可以制定合作学习的规章制度,形成"合作互助"的学习氛围。

(二)尝试同伴教学

基于同伴支持的教学组织形式也是能够促进孤独症儿童和同伴共同成长的一种课堂模式。有研究表明,在与特殊儿童相处的过程中,普通儿童的耐心、观察力、领导力都会得到提高,所以教师可以充分利用这种教学组织形式,培养几个"小老师",在教学前、教学中和教学后为孤独症儿童提供教学上的支持。这样除了能帮助孤独症儿童拥有一个正面的模仿对象,发展其自身的社交能力,提高学业成绩,更好地融入班级和学校生活外,"小老师"还可以成为其他普通儿童的榜样,让越来越多的同伴加入支持和接纳孤独症儿童的队伍中。

首先,选择适合的同伴。孤独症儿童选择的同伴必须具有以下特点:乐于助人、受同学欢迎、社交能力强、出勤率高、得到家长同意等。这样的同伴能够发起和维持交往,和平地解决争端,被同伴和老师所喜爱,容易影响其他同学的态度。

其次,提前"培训"同伴。教师要告知孤独症儿童与周围环境沟通、互动、学习的方式,熟知他们的喜好,解释同伴教学可以做的事情(提醒服务、笔记抄录、学习辅导、问题行为简单处理、报读服务、生活辅助等)。

最后,支持孤独症儿童并调整目标、策略。开展同伴教学时,教师可以一次只设定一个目标,避免对同伴造成太大的压力和干扰,影响了同伴的课堂学习。如在上课前,孤独症儿童能够在同伴的提醒下准备好文具盒与书本。等到这个目标实现后,再设定新的教学目标或调整教学策略,以实现良性的同伴支持下的教学效果。教师需要定期对同伴教学开展的情况进行总结与评价,这对同伴的付出也是一种积极的肯定。

(三)鼓励协同教学

协同教学也被称为协作教学。在普通学校中,普校教师和特校教师之间的协同教学是指同一课堂中,由两名或多名专业特教教师为复杂的学生群体提供合适的教育。[①]这种教学组织形式适合师资比较充沛的情况。在实际教学中,我们可以看到部分孤独症儿童会配备影子老师,即专属于该学生的教育助理。影子老师能够为孤独症儿童提供课堂上一对一的教育支持,辅助老师实施教学计划,记录并报告儿童的学习进度,逐步撤除辅助直至学生独立。这种主辅协同的教学组织形式,极大地减少了普校教师的教学压力,是一种值得推广的课堂模式。

六、作业任务的调整

作业或者任务既是考察孤独症儿童学习结果的手段,也是儿童展现自我学习能力的方式之一。通用学习设计理论中强调要为每个儿童提供多样化的行为和表达方式。如普通儿童能够用语言文字表达内心的快乐,而孤独症儿童可能更喜欢画出自己的心情,两者只是方式不同,不存在能力差异。所以调整教学的最后一步就是调整作业任务。

(一)作业呈现方式

作业呈现的方式可以是图画、文字、图文并茂、表格、语音和视频等。幼儿园阶段的作业比较少,但是养成认真对待作业的习惯有利于学生顺利过渡到小学阶段。教师需要用心思考呈现作业的方式,除了图画的,还可以增加语音或视频作业,后者更有利于孤独症儿童及普通儿童

---

① 张菊香,李先清.全纳教育背景下孤独症儿童语文教学策略的调整[J].安徽教育科研,2023(01):74-76.

独立完成作业。而在小学阶段，可以适当增加图文并茂类的作业，逐渐将作业形式过渡到文字类。但是若孤独症学生的文字与图画理解能力比较弱，教师还是应该提供动画、视频、音频类作业。

（二）作业数量

作业数量适中。《关于进一步减轻义务教育阶段学生作业负担和校外培训负担的意见》指出：小学一、二年级不布置家庭书面作业，可在校内适当安排巩固练习；小学三至六年级书面作业平均完成时间不超过60分钟，故教师布置的作业应该能够在校内学习时间内完成。若普通孩子能够很快完成，而孤独症儿童却需要花费几倍的时间，教师可以减少作业量，只保留最核心的作业内容，或者提供及时的支持性辅助。

（三）作业难度

作业的难度既要体现出教学的目标层次，也要符合孤独症儿童的认知水平。对于认知发展水平处于感知运动阶段的孤独症儿童，他的认知表征水平还停留在动作表征，那么布置书面作业就是不合适的，可以提供实物操作类作业。如普通儿童在学习认识10以内的数字时，作业可以是"读出数字1—10"，而孤独症儿童则要求唱数1—10的物品即可。处于前运算阶段的学生，其认知表征水平在映像表征和符号表征，那么作业难度可以进一步提高到图片、表格水平。处于形式运算阶段的学生，其认知表征水平已经到了符号表征，作业难度应该上升到文字和符号。

（四）作业完成方式

鼓励学生使用多种媒介形式完成学习任务，如文字、语音、绘画、插图、设计、电影、音乐、舞蹈、运动、视觉艺术、雕塑或视频等。同时教师可以做个有心人，收集学生过程性的表现资料，如上课举手回答问题的次数与正确率也可以反映学生掌握知识的情况，而不仅仅是终结性的作业才能说明问题。孤独症学生在表达所知所学时遇到困难，教师也可以提供支持。如布置一个看图写句子的作业时，孤独症儿童不知如何下笔。老师可以引导他先说出来，然后把说的过程录下来，再慢慢回放，将听到的文字记录下来，从而形成一个完整的句子。

第四节 孤独症儿童幼小衔接的教学质量评价

一、教学质量评价的作用

教学质量评价在孤独症儿童幼小衔接体系中占有重要地位。孤独症儿童幼小衔接教学质量评价是依据教学目标与教学原则,运用科学可行的方法,对教与学两方面的质量做出价值判断,为改进教学提供科学依据,并发挥着以下几个关键作用。

(一)导向作用

教学质量评价用来检测教学目标的实现成效,为教学的每个进程提供较为明确的方向,使其随着教学过程实现教学目标。在此过程中,通过引导教师传播科学文化知识和基本技能,发展学生智力、能力,努力争取达到预期的教学目标,优化教学过程,提高教学质量。

(二)反馈作用

教学质量评价的结果是一种反馈信息,目的是调节教学活动,为教学能始终有效地进行提供依据。它可以帮助教师了解自己的教学成果,了解学生的学习成效,对教学目标的达成情况进行评价。这些评价结果可以反馈给教师,帮助他们调整教学策略,提高教学效果。

(三)激励作用

教学质量评价有激励评价对象实现教学目标的潜在作用。科学、合理、适时、客观的教学质量评价可以调动教师工作的积极性和责任感,明确教学工作中需要努力的方向,使其通过精心备课和教学实践提升教学质量。

(四)监督作用

教学质量评价是促进孤独症儿童幼小衔接高质量发展的有效手段。通过评价,确保教师教学活动方向的正确性、教学工作安排的合理性以及教学活动的质量。

二、教学质量评价指标及体系设计

(一)设计的总要求

评价指标与评价体系的设计应围绕教学目标、教学内容、专业水平、教学实施等,采用多层次、多元化的设计思路,内容主要包括评价主体、评价内容、评价指标和标准、评价方法等,围绕着"谁来评""评什么""怎么评"的问题进行评价体系设计,从而达到以评促改、以评促进、提升质量和效果的目的,实现教学过程的全方位提升。在设计过程中,要考虑:1.教师所选的教学内容要符合学生个别化学习的需要,教学内容以幼小衔接相关知识为主体,体现课程知识和课程内容的相融性以及教学的有效性;2.评价指标具有可测量、可操作的特性,指标表述内涵要清晰,指向要明确,从而提高教学评价的可信度,通过量化比较,梳理指标之间的内在逻辑,提高评价体系的科学性;3.评价体系的构建要结合地区幼小衔接开展实际,从教师、学生、家长多个层面对教学过程进行多元评价,分层次设计指标。

(二)评价指标与标准

1. 教师层面

教师是地区幼小衔接课程教学的骨干力量。在幼小衔接课程实施过程中,课程质量取决于教师的专业水平、素质以及综合能力。教学质量评价中的教师层面评价指标与标准见表5-7。

表5-7　教学质量评价中教师引导层面评价指标

教学组织实施	教师引导	幼小衔接课程类型多样,安排合理
		课程教学目标明确,内容明晰具体,教学准备充足
		课程教学全面了解学生幼小衔接基本能力、学习需求、兴趣爱好等
		合理安排幼小衔接课程顺序以及授课时长
		善于活跃课堂气氛,学生课堂活动参与度高
		对幼小衔接相关教学及知识内容熟悉,教学内容难易程度把控得当
		灵活应用教学方法,教学环节具有创新性
		教学过程注重学生良好学习素养(合作、配合等)的培养
		及时有效评价及反馈学生的课堂表现及作业表现
		引导家长参与到学生幼小衔接学习中
		及时指导反馈家长配合学习的情况

2. 学生层面

学生是评价幼小衔接课程实施教学质量和效果的核心和关键。学生层面评价指标主要围绕学生接受相关课程后的成效,基本能力的提升、知识能力的掌握、学生适应性的变化等。教学质量评价中学生层面评价指标与标准见表5-8。

表5-8　教学质量评价中学生参与层面评价指标

教学组织实施	学生参与	合理安排学习实践,坚持参与学习活动
		每节课均提供相关知识学习的实践机会
		学生积极参与幼小衔接学习活动,具有克服实践过程困难的态度
		具备幼小衔接学习的基本学习和生活能力
		有与同学分工合作、友好相处的基本方法,并完成相关学习任务
		能够适应转衔学校的一日活动安排,遵守课堂纪律及班级规则

3. 家长层面

家长是评价幼小衔接课程实施过程的重要主体。结合孤独症儿童的特点,家长要全面参与到学生的课程实施过程中,日常生活的配合和练习有助于学生的进步和发展。教学质量评价中家长层面评价指标与标准见表5-9。

表5-9　教学质量评价中家长配合层面评价指标

教学组织实施	家长配合	了解学生幼小衔接学习内容
		与教师幼小衔接教学方法及理念一致
		遇到问题及时如实与教师沟通交流
		督促学生家庭作业的实施及完成

三、教学质量评价方法

在日常教育教学过程中,主要采用观察、访谈、问卷、档案分析以及个案研究五种方法对孤独症儿童幼小衔接教学质量进行评价。

(一)观察法

观察法是指根据一定的研究目的、研究提纲或观察表,用自己的感官和辅助工具去直接观察被研究对象,从而获得资料的一种方法。常见的观察法有核对清单法、级别量表法、记叙性描述等。在实施中,专家组成员通过实地考察,以听课、参课、情景测试、常态下随机测试等手段,有目的、有计划地对教学目标达成情况进行评价。对教学过程进行监控与评价,并就影响教学质量的原因进行深入分析。

(二)访谈法

访谈法又称晤谈法,是指通过访员和受访人面对面交谈来了解受访人的心理和行为的方法。在实施中,教学质量评价专家组成员根据设计好的访谈问题或提纲,通过与受访者的交流互动、专题研讨、集体座谈、个别谈话等方式,有目的、有计划地了解接受幼小衔接课程教育的孤独症儿童在课程目标方面的达成情况、教师的教育教学能力和教学情况等。

(三)问卷调查法

问卷调查法是以书面提出问题的方式搜集资料的一种研究方法,它具有调查过程标准化、调查形式的匿名性、调查范围广以及调查效率高等特点。质量评价专家组成员通过编制问卷《孤独症儿童幼小衔接教学情况调查表(家长版)》《孤独症儿童幼小衔接教学情况调查表(教师及相关人员版)》,以书面形式有目的、有计划地全面了解学生的指标达成等相关情况。

(四)成长档案袋记录法

成长档案袋记录法是一种教学评价方法,用于收集和记录学生的各种样本,并通过对这些样本的评价来了解学生的成长和发展情况,再进一步用成长档案分析法对样本进行分析,了解其个人发展及所接受的教学质量情况。在本研究中,质量评价专家组成员通过查看和分析孤独症学生的成长档案袋等文本资料,系统收集其在幼小衔接过程中留下的成长数据,分析了解学生的成长情况,全面客观地评价教师教学质量。

(五)个案研究法

个案研究法也称为个案调查法,是对某一特定个体、单位、现象或主题的研究。质量评价专家组成员通过随机抽样的形式选取几位有代表性的个案,并对其进行个案研究,获取教学质量的相关信息。

四、评价实施方法

基于标准、规范和数据,重在诊断分析、导正方向和指导改进的区域孤独症儿童幼小衔接教学质量监控与评价模式,重视结果的科学运用,推进"以评促教",注重长效机制,形成"评价主体多元、评价方式多维、评价过程贯穿全程"的教学质量评价新模式。因此,在孤独症儿童幼小衔接教学质量评价过程中,强调多元主体创新评价、健全评价机制,形成统一的评价标准。

(一)评价主体

评价主体是评价过程较为核心、关键的因素,影响着评价指标的确定、评价内容的选择以及评价工具的设计等多个方面。在多元价值理念下，基础教育课改要求建立多元主体参与的教学质量评价体系。因此，本课题采用教师自评、互评、家长评、专家评相结合的方式，按照一定权重比例合成，确定等级，见图5-8。

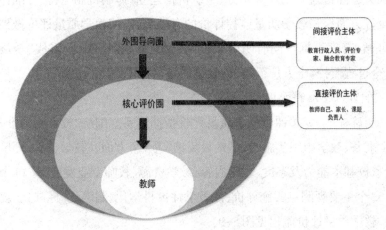

图5-8　孤独症儿童幼小衔接教学质量评价主体

1. 核心评价圈

核心评价圈主要指的是直接评价主体。直接评价主体包括教师自己、孤独症儿童家长、孤独症儿童幼小衔接课题负责人等直接相关的利益群体。其中，教师自评指的是参与孤独症儿童幼小衔接教学工作的教师依据有关标准开展的自我发展评价。学生家长评价即采用访谈、问卷调查等方式，获取其对教学质量等相关内容的评价。课题负责人评价则以信息化、过程性、写实性为主要特征，突出进步与提升的发展性评价。

2. 外围导向圈

外围导向圈主要指的是间接评价主体，包括教育行政人员、评价专家、融合教育专家等间接利益相关人员。在质量评价过程中，邀请评价专家等专业人员成立督导专家团队，由专家团队对自编的问卷等评估工具进行审核，确保评估工具的社会性效度。同时，督导专家团队通过课堂观察、教师访谈以及对教学过程中生成的数据资料进行分析，形成对教学质量的客观评价。

(二)评价实施的原则

1. 评价制度规范化

建立、健全关于评价的全领域制度和工作规范,实现制度规范无死角和无缝隙覆盖。从任务划分、组织机构建立、体制机制运行、标准体系建设等方面保障教学质量监控评价的有效实施,使教学质量评价做到有章可循、有理可据。同时明确职责,各司其职,紧密配合,形成"全员参与、全过程监控、全方位覆盖"的教学质量监控评价运行机制。

2. 评价标准科学化

明确标准,完善课堂教学质量评价指标体系。围绕"教育实施准备、教学准备、教学组织实施、教学效果反馈"等4个方面,"教学目标、环境基础、家校基本能力及态度、教学内容、教学资源、教师专业发展"等11个维度,53个主要观测点实施评价,使教学评价科学化、制度化、标准化、规范化。教学质量评价流程见图5-9。

3. 评价队伍专业化

教学质量评价专家队伍应该是由具有丰富融合教育、学前教育、教学评价等经验的高级人才组成。加强孤独症儿童幼小衔接教学质量评价专家队伍建设是促进融合教育教学质量评估工作决策科学化、民主化的重大举措。因此,本课题组织了一个具备高层次、多学科(教育学、医学、心理学等)、评价经验丰富等综合优势的质量评价专家队伍,邀请他们对教学实施效果进行研究,提供优化方案或决策建议,实现以评促建、以评促管、以评促改、以评促教。

五、教学质量评估

幼小衔接教学质量评估采用定期和不定期的方式进行,评价主体多元,针对教师、学生以及家长在幼小衔接教学中的不同角色定位进行教学评价,评价方式多样,通过自评、他评、互评的方式对参与幼小衔接课程教学的教师、学生以及家长进行评估。学生是教学质量评价的核心和

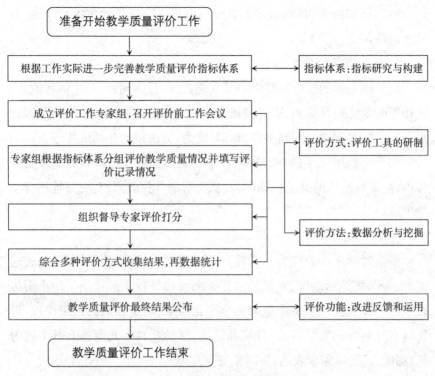

图 5-9　孤独症儿童幼小衔接教学质量的评价流程

关键主体,这一部分通过学生参与幼小衔接课程后的各项指标的数据变化来检核幼小衔接课程教学实施的成效。

(一)学生总体评价结果

孤独症儿童对幼小衔接教学的整体反馈较好,表现为95%以上的孤独症儿童顺利转衔进入小学,90%以上的孤独症儿童能够适应小学的作息以及一日活动安排,93%以上的孤独症儿童在基础能力(自理能力、社交沟通、情绪理解等)上有所提升。

1. 顺利进入小学

幼小衔接课程的目标是实现学段的顺利衔接。课程内容始终围绕着这个目标,并结合学生的个别化需求设计教学过程。孤独症儿童的自身障碍限制了进入小学后的适应与发展,成为课堂教学中的"异类"。幼小衔接课程帮助孤独症儿童提前适应小学生活,并让孤独症儿童提前进行情绪和认知准备,从而减少孤独症儿童进入小学后的焦虑情绪,提升其适应性。

2. 适应小学的作息

孤独症儿童的核心障碍之一是兴趣狭窄、行为刻板,对生活环境、生活作息的变化极其敏感,需要较长时间的认知准备和适应。从幼儿园到小学的衔接过程中的问题多样,知识、能力、方法以及生活安排等方面的受限均给他们带来了挑战。适应性学习是孤独症儿童所特有的重要课程内容,需要家校的共同长期配合,从而帮助其打破限制,更好地适应小学生活。

3. 基础能力提升

小学对学生综合能力具有较高的要求,如能够自己照顾自己、表达需求、参与集体活动等,对孤独症儿童来说均是较大的挑战。幼小衔接教学结合孤独症儿童基本能力和个别化需求,制定相应的衔接课程,设置具有针对性的教学目标、环境和活动,帮助孤独症儿童提升基本能力(自理能力、简单需求表达、集体参与等),为其进入小学做好准备。

(二)学生具体评价结果

实施孤独症儿童科学的幼小衔接后,儿童会在生活自理能力、社会交往、沟通、情绪行为和学习适应等各领域得到发展与成长。下面展示孤独症儿童的社交、沟通和基础能力三方面的具体评价结果。

1. 社交领域

社交的基础能力就是对他人的注意,而注意缺陷是孤独症儿童普遍存在的问题,主要表现在共同注意缺陷和选择性注意缺陷。小学以集体授课为主且课堂时长延长,对学生的注意力要求较高。孤独症儿童由于自身障碍影响,较难参与到集体课堂中,无法保证课堂参与的成效。幼小衔接教学对孤独症儿童开展相应的缺陷补偿,从注意力持续性到注意力选择性再到共同注意的培养,这个过程是极其缓慢的,需长期坚持练习和补充,从而提升学生的学习能力和适应性。以一位孤独症儿童期初期末注意力培养课程的评价折线图为例(见图5-10),可以看出学生得到了较为显著的进步,不仅是注意力的持续性和共同注意能力,在问题处理的深度上也有显著提升。

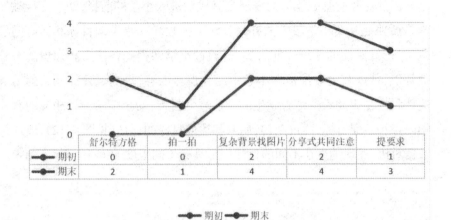

	舒尔特方格	拍一拍	复杂背景找图片	分享式共同注意	提要求
期初	0	0	2	2	1
期末	2	1	4	4	3

图5-10　某孤独症儿童在共同注意方面的评估结果

2. 沟通领域

集体中的社交沟通、情绪表达对孤独症儿童适应小学生活具有重要意义。由于社交沟通以及语言表达具有一定的缺陷,进入小学后,孤独症儿童要面对集体生活的挑战。幼小衔接教学过程中,结合小学适应性需要,对学生的基本语言表达和基础能力进行培养,进而为学生综合能力提升做准备,为其顺利衔接小学课堂做准备。幼小衔接教学模式较为适合孤独症儿童的能力发展,能够针对性地为孤独症儿童能力提升提供支持,在幼小衔接过程中具有重要地位。教学效果见图5-11。

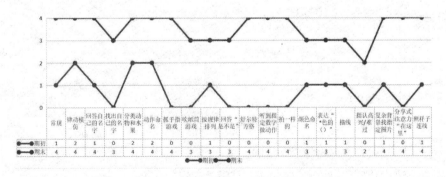

	常规	律动模仿	回答自己的名字	找出自己的名字	分类动物和水果	动作命名	抓手指游戏	吹纸筒游戏	按顺序排列	回答"是/不是"	舒尔特方格	听到指定数字做动作	拍一拍	一样的	颜色命名	表达"...色的()"	描线	指认高兴/难过	复杂背景找图片	分享式注意力"在这里"	照样子连线
期初	1	2	1	0	2	0	0	0	0	0	0	0	1	1	0	0	0	1	0	1	0
期末	4	4	4	3	4	3	3	3	3	3	4	3	4	4	3	4	1	3	2	3	4

图5-11　某孤独症儿童在沟通领域的评估结果

3. 基础能力

孤独症儿童基础能力的发展是其成功进入小学的前提,幼小衔接教学是孤独症儿童小学教学的补充。结合孤独症儿童学期目标和适应问题,进行针对性的评价和能力提升,通过小学课程先备能力和知识的有效补偿,帮助其更好地衔接小学中的知识与内容,提高孤独症儿童的适应性和内在驱动力。结合学生的学期教学目标,幼小衔接设计相应的教学内容和匹配目标,通过期初、期末和达成目标的评估(见图5-12),通过数据对比,发现学生在不同的目标中都具有不同程度的成长。

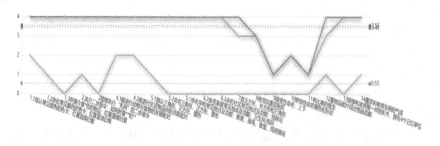

图5-12 某孤独症学生在基础能力领域的评估结果

第六章

区域孤独症儿童幼小衔接的
质量评价体系建构

近几十年来，教育质量及其评价受到世界各国的普遍关注。对高质量孤独症儿童幼小衔接教育的追求，已经是当代特殊教育发展趋势。如何进行科学、客观的幼小衔接质量评价已经成为广大研究者与实践者关注的重点。本章节在分析幼小衔接政策文本和归纳总结前人实践经验的基础上，提炼出幼小衔接质量评价的关键性指标，并在区域内进行孤独症儿童幼小衔接实践的质量检核。

第一节 幼小衔接质量评价标准的研制依据

一、基于我国幼小衔接政策文本的分析

(一)政策文本的类型与来源

为保障幼小衔接教育政策文本分析的全面性和可靠性,选取了自中华人民共和国成立以来到2021年颁布的所有有关幼小衔接的代表性教育政策,共32份。其中,中央政府颁布的幼小衔接教育政策文本26份,地方政府(省级或直辖市)颁布的有6份。专门针对幼小衔接的政策文本有10份,非专门针对性文本有22份。以此作为政策文本的来源,确保其科学性与恰当性。

表6-1 1949—2021年我国幼小衔接教育政策统计表

时期	政策数量	中央政府		地方政府	
		专门	非专门	专门	非专门
1949—1988年	7	0	7	0	0
1989—2009年	5	0	4	1	0
2010—2021年	20	4	11	5	0
合计	32	4	22	6	0

(二)幼小衔接政策的发展阶段

1. 幼儿园单向责任主体时期(1949—1988年)

1952年,教育部颁布的《幼儿园暂行规程草案》第一次明确要求幼儿

园应当帮助幼儿在入小学前得到健全的发育。尔后,《城市幼儿园工作条例(试行草案)》和《幼儿园教育纲要(试行草案)》再次提出"为入小学打好基础"。1986年,国家教委发布《关于进一步办好幼儿学前班的意见》指出,办幼儿学前班使其在入小学前受到良好教育。在这一时期,幼儿园(或学前班)承担了实现幼小衔接的全部责任,是实施的主体。

2. 幼儿园和小学双向责任主体时期(1989—2009年)

1989年,国家教委颁布《幼儿园规程(试行)》,进一步明确了"幼儿园与小学应当密切联系,相互配合,注意两个阶段教育的衔接"。据此,幼小衔接实施的主体实现了由单向向双向对接的转变。而2008年上海颁布的《幼儿园幼小衔接活动的指导意见》则对其进行了在幼小衔接教育活动组织等方面的补充和规范。

3. 多元利益相关者责任主体时期(2010年至今)

2010年至今,我国颁布了一系列幼小衔接的相关政策,不断夯实幼儿园与小学作为幼小衔接实施主体的地位。2011年和2018年,分别发布关于实施幼儿园"小学化"专项治理工作的通知,从课程、教学、环境、师资等多个方面做出要求,进一步规范幼小衔接教育组织活动。其中,2012年的《关于建立中小学幼儿园家长委员会的指导意见》和2016年的《关于开展2016年全国学前教育宣传月活动的通知》又将学校、家庭(或家长)以及社会等不同利益相关者建立起联系,并对其作为幼小衔接的实施主体提出明确要求。此外,2014年,由教育部等七个部门制定的《特殊教育提升计划(2014—2016)》首次作出"初步建立布局合理、学段衔接、普职融通、医教结合特殊教育体系"的规定[①],对包括孤独症在内的特殊儿童的幼小衔接教育组织活动提出了要求。

---

① 吴扬.美国特殊儿童早期学习与发展评估研究——以DEC发布的指导文件为例[J].中国特殊教育,2020(6):7.

二、基于国内外幼小衔接实践经验的提炼

(一)国内外实践经验的来源

1. 国内

2021年,教育部印发了《关于大力推进幼儿园与小学科学衔接的指导意见》,随后各地陆续制定了幼小衔接科学衔接的实施方案,遴选实验区和试点园(校),坚持尊重儿童发展特点,集中破解幼小衔接难点,分阶段、多途径推进幼小科学衔接落地实施。2022年9月,幼儿园入学准备教育和小学入学适应教育全面铺开,全国多个地区都有自己典型的做法。因此,以2021年以来各幼小衔接实验区为研究对象,做了进一步的筛选:一是选取教育部2021年以来发布的"各地幼小衔接工作案例"以及"知网"上比较权威的期刊文章;二是选取各地与幼小衔接密切相关的内容。最后筛选出江苏、北京、福建、广西、江西等地的实践样本,随后对其针对幼小衔接的主要做法进行了梳理和总结。

2. 国外

以"Autism""Autism Spectrum Disorders""Asperger""transition""primary school""elementary school""kindergarten""preschool"为关键词,在Web of Science、Springerlink、EBSCO等教育学和心理学数据库进行检索,得到116篇文献。经过上述标准筛选后,得到10篇文献,并对文献内容进行梳理。最终选取美国、日本等国家的实践作为样本。

(二)国内外幼小衔接实践经验的分析与提炼

1. 国内

表6-2　国内多个地区在幼小衔接方面的做法

主要地区	主要做法
江苏、湖北	成立教研引领共同体,开展教师幼小衔接专项培训,搭建区域交流平台,建立教研台账。

主要地区	主要做法
北京、河北、宁夏	幼儿园与小学课程对接,开展幼小衔接主题活动;灵活运用集体、小组和个别活动等多种形式展开教学;创设衔接校园环境;教师调整教学语言等。
福建、辽宁	研发幼小科学衔接系列指导手册。
广西	加强孤独症、多重障碍学生教育模式的研究与实践,探索建立幼小衔接制度。
海南、安徽浙江	家园校共育,开设线上、线下课程指导家长,举办家长学校、家长沙龙、专题报告、专家咨询等活动,制作幼小衔接专题片微课,成立家庭教育指导中心。
河南、江西	改革教育评价方式,将《小学入学适应教育指导纲要》的16个发展目标有机融入小学生素质评价体系中;将开展入学准备和入学适应教育作为幼儿园保育和义务教育办学质量评估的重要内容;形成小学、幼儿园、家庭和社会共同参与的评价体系;加强过程性评价。
福建、江西	组建幼小衔接专家组,邀请特殊教育领域专家指导幼小衔接工作。
湖南	制定幼儿园和小学科学教育衔接标准和评估体系,评估衔接效果。
吉林	政策上进行表彰,提供职称晋升机会,给予经费支持。
江西、山东	聚焦幼小衔接课程建设(包括地方课程、校本课程、综合实践活动等)、课程实施与效果评价。

2. 国外

表6-3 不同国家或地区在幼小衔接方面的做法

国家	主要做法
美国	成立国家早期转衔中心,组建幼小衔接团队,评估与安置,召开IEP会议,小学教师和幼儿园教师共享信息,调整物理环境等。[1]在幼儿园阶段的3年中做好准备工作,如时间管理准备、心理准备、自理能力的准备、建立规则意识、培养学习习惯、增加社交互动等方面。

孤独症儿童幼小衔接的理论与实践探索

国家	主要做法
日本	在儿童入学准备工作上制定了幼儿园"三自立"和小学"三要素"的目标,入学准备的内容主要包括基础知识技能、解决问题的能力和主体性的学习态度,强调幼儿园与小学紧密合作。②
爱尔兰	帮助父母根据幼儿需要,选择合适的小学、熟悉学校招生流程、和学校一起制定计划等。③
威尔士	推行"改写未来战略",为每一位特殊儿童提供支持。向家长提供"基础阶段儿童如何行动"文件,帮助家长了解从学校方面可以获得哪些支持,在衔接流程中应当遵守的原则和路径选择。④
苏格兰	强调儿童参与权、家庭参与权,阐述了幼小衔接的基本程序,包括评价机制。当地政府对特殊儿童的入学提供 Pre-SCAT(pre-school assessment team)项目支持。小学教师、幼儿园教师、教育心理学家、医生以及健康随访人员都会根据儿童的需要而出现,共同制定幼小衔接计划,考虑学校的选择等。⑤

虽然不同国家及地区针对幼小衔接的做法不同,但为了提升质量,都强调了支持保障系统的重要性,并采用了切实可行的方法来建构与完善幼小衔接支持保障体系。第一,政策先行,完善科学衔接机制。通过试点示范,分层推进幼小衔接工作,同时加强配套政策制度支持,如细化幼小衔接教育具体政策,提高专项资金支持,设置奖励机制,建设幼小衔接环境,包括最少限制的、包容性的校园文化等。第二,丰富课程,寻求

---

① 李雅蓉,刘春玲,王和平.美国特殊儿童幼小转衔服务研究[J].现代特殊教育,2018(11):22-26.

② 曹书楷.日本幼小衔接的策略及其启示[D].东北师范大学,2014.

③ 王敏,王彦丽.爱尔兰幼小衔接的政策、实践与启示[J].教育观察,2020,9(16):87-90.

④ 许浙川,柳海民.OECD国家推行幼小衔接的目的与举措——基于对《强势开端Ⅴ:幼小衔接》报告的考察[J].比较教育研究,2019,41(01):85-91.

⑤ B·盖伊·彼得斯,弗兰斯·K·M·冯尼斯潘.公共政策工具:对公共管理工具的评价[M].北京:中国人民大学出版社,2007.

育人载体变革。将关注点放在幼小衔接课程的建设与落实上,通过研制多元化的衔接课程(如地方课程和校本课程、集体课程、小组课程和个人课程等),建立多样化的教学管理模式及评价体系,加强一体化设置,促进学段衔接,提升幼小衔接的科学性和系统性。第三,联合教研,推进师资队伍建设。教研共同体的建立,搭建了幼儿园与小学教师之间交流的平台,帮助他们实现相互学习、相互交流、资源共享、优势互补。同时,还通过专家讲座的形式,分批次、分阶段、分内容、分方式对幼小衔接教育相关人员进行培训。第四,家园校共育,构建良好教育生态。以教师为主导打造多背景人员(专家、教师、医生、家长、学校行政人员、政府工作人员等)参与的幼小衔接家庭教育指导中心,通过专家咨询、专题讲座、家长沙龙等多种形式,统筹联动,协同育人。第五,落实专家委员会制度,完善幼小衔接管理制度。组建幼小科学衔接专家组,以专家为引领,制定幼小衔接教育标准,形成质量评价的关键性指标,小学、幼儿园、家庭和社会等多方参与衔接效果的评估。

基于国内外不同地区的优秀做法,我们研制并形成了孤独症儿童幼小衔接质量的关键性指标。

第二节 幼小衔接质量标准的评价框架

对孤独症儿童来说，从幼儿园到小学的过渡是一个长期的、复杂的过程。多数孤独症儿童被动适应着这些复杂的变化，可能会产生挫败感，进而导致情绪行为问题的出现。这就意味着，他们需要高质量的幼小衔接服务，确保其顺利升学（幼升小），从而更加有效地参与小学生活和学习。怎样的评价体系或评价模式能够客观展示幼小衔接教育质量呢？美国教育评估专家斯塔弗毕姆提出的"背景—输入—过程—成果"模式（Context-Input-Process-Product，CIPP），以下简称CIPP，可以发挥关键作用。

一、CIPP评价模式的概述

CIPP评价模式是由美国教育评价专家斯塔弗毕姆于1965年提出的。该模式也称为决策导向或改良导向的评价模式。CIPP模式是对方案从形成、实施到结果的全面评价，由背景评价、输入评价、过程评价和成果评价四类组成，图6-1。

（一）背景评价（context evaluation）

在特定的环境下评定"需要""问题""资源"和"机会"。"需要"主要包括那些实现目标所必需的、有用的事物；"问题"是指在满足需要时必须要克服的障碍；"资源"是指本地可以得到的专家和提供的服务；"机会"是指满足需要和解决相关问题的时机。它属于诊断性评价，目的在于：1.描述所需服务的背景情况；2.界定预期的受益人并评定他的需求；3.理

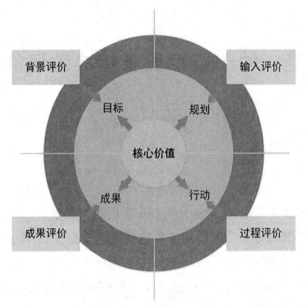

图6-1　CIPP评价模式图

清满足其需要可能面临的问题和障碍;4.界定本地可用的资源以及资助的时机;5.评定方案、教学和其他服务目标的清晰度与适切性。

（二）输入评价(input evaluation)

在背景评价的基础上,对达到目标所需的条件、资源以及各备选方案的优点进行评价。本质是判断方案的可行性及效用性。输入评价所要回答的问题是:采用什么样的计划、程序和预算来满足这些需要,目标实现的可能性有多大;考虑过哪些备择方案,为什么选该方案而不选其他方案;方案的合理性、道德性程度有多大;潜在成功的程度;预算资金在多大程度上能满足需要;各种人员的利用以及对外界资源的需要等。输入评价的目的在于发展适用的方案,形成最佳方案,避免资源浪费。

（三）过程评价(process evaluation)

对方案的实施过程进行连续不断地监督、检查与反馈。目的是:1.为方案制定者、管理人员、执行人员等提供反馈信息,以便了解实施进度;2.发现潜在问题,为修正方案提供指导;3.为定期评价人员提供有效信息;4.记录方案真正实施的过程,包括各种详尽资料。过程评价的目的在于调整和改进实施过程,本质上属于形成性评价。过程评价要回答的问题包括:方案实施的程序如何,方案本身及实施过程是否需要调整及如何修改,同时对实施过程进行全面记录,保存文字资料。

(四)成果评价(product evaluation)

对目标达成程度进行评价,包括测量、判断、解释方案的成就,需要的满足程度等。其本质上属于终结性评价。该评价所要回答的问题包括:观察到的结果是什么(肯定与否定、预期与非预期),各类资助人怎样看待结果的价值与优点,结果满足个体需求的程度怎样等。

二、CIPP 模式与幼小衔接教育质量评估的契合性

将 CIPP 模式用于评估孤独症儿童幼小衔接教育质量,需要具备两个条件:1.孤独症儿童幼小衔接质量评估具备 CIPP 模式理论分析的前提条件;2.孤独症儿童幼小衔接教育质量评估与 CIPP 模式在逻辑上有内在联系。

首先,从孤独症儿童幼小衔接教育质量评估的目的来看,质量评估并不是一个单纯的评估活动,而是一种发展性的教育实践活动,根本目的是提升孤独症儿童参与融合教育的质量。最终的落脚点是满足孤独症儿童的教育需求,助力其生涯发展。CIPP 模式是一种以改良为取向的评价模式,能够通过改良功能改善孤独症儿童幼小衔接过程中存在的问题,提升幼小衔接教育质量。其次,就孤独症儿童幼小衔接教育质量评估的基本理念来看,其仍旧遵循着以生为本、注重评估的科学性等原则。CIPP 模式作为一种系统的评价观,以学生的需求为中心,把过程、结果和目标相统一,确立全面的评估指标、客观的评价标准以及包括学生在内的评价主体,是一种较为系统与科学的评估方式。

CIPP 模式的四种评价都是围绕学生的身心发展特点、教育需求以及进步情况等来评估幼小衔接的质量,归根究底也是促进孤独症儿童自身的发展。可见,孤独症儿童幼小衔接教育质量评估具备使用 CIPP 模式进行分析的前提条件,且二者存在内在的逻辑关系。

三、CIPP模式在孤独症儿童幼小衔接教育评估中的应用

以促进孤独症儿童身心健康发展为导向,聚焦幼小衔接教育过程质量,对CIPP模式进行本土化改良,围绕孤独症儿童幼小衔接教育的背景、实施过程、成果等方面,通过实施调查问卷,收集关键指标的各项资料,同时通过专家委员会对CIPP各层面指标进行评定和修订。初步提出了4项一级指标,11项二级指标,关键指标和53个考察要点。最后得出以下基于CIPP模式的评价指标框架,详见下图6-2。

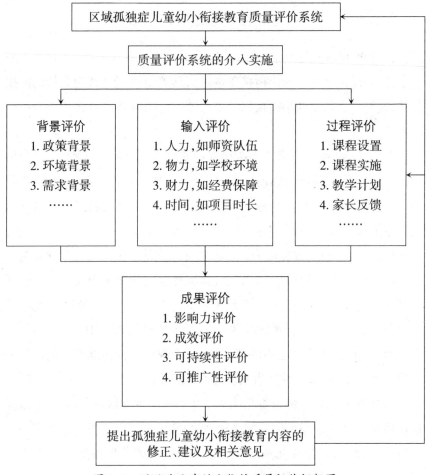

图6-2 孤独症儿童幼小衔接质量评价框架图

（一）背景评价相关指标

主要从政策、环境以及需求三个方面进行考察：

1. 政策背景。包括国家、省级、市区级融合教育政策、特殊儿童（包括孤独症儿童）幼小衔接相关政策等。

2. 环境背景。包括杭州市上城区融合教育环境、上城区已有的幼小衔接计划、上城区幼小衔接相关资源等。

3. 需求背景。包括孤独症儿童自身的需求、家长的需求、所在学校和接收学校的需求等。

（二）输入评价相关指标

在输入评价方面，主要聚焦于人力、物力、财力以及时间等方面。

1. 人力。人力分配问题，如专家组、行政人员、社会工作者、相关教师等。

2. 物力。教材、设备、环境创设等，如场地设备的使用能否满足需求，是否合适等。

3. 财力。经费保障（随班就读专项经费、随班就读配套资金、随班就读生均公用经费）、经费预算的使用合理与否等。

4. 时间。项目实施的时长、时间上的安排合理与否等。

（三）过程评价相关指标

1. 执行概况。课程设置、课程实施、人员参与、方案执行等。

2. 过程监管。是否进行过监督、评价等。

3. 完善机制。方案的调整或修正等。

（四）成果评价相关指标

1. 影响力。包括区域大环境的改变、政策的改变等。

2. 成效。包括学生改变（社会能力、自信心、对问题行为的控制、学业成就、普小入学率等，普小学生对同伴的接纳以及自身学业的进步）、教师改变（接纳态度转变、教学策略的掌握、教学效能的提升）、家长改变、所在学校和接收学校的改变（接纳态度的转变、融合环境创设、为孤独症儿童提供的支持等）。

3. 可持续性。成效是否能够维持并产生长久的影响。

4. 可推广性。社会评价、成果是否可借鉴、可推广等。

第三节　区域幼小衔接质量检核

　　区域孤独症儿童幼小衔接教育的实施对孤独症儿童的成长和区域融合教育的发展具有重要意义,总结和分析幼小衔接教育过程中的优势和不足,是未来孤独症儿童幼小衔接教育实施调整的依据。幼小衔接教育质量检核将回顾幼小衔接教育实施和评价的全过程,对实施情况进行梳理,结合评价体系,全面客观地对幼小衔接教育质量进行评价和分析。

一、区域孤独症儿童幼小衔接质量评价指标体系

　　孤独症儿童幼小衔接教育质量评价指标体系的建立要结合区域内孤独症儿童幼小衔接的发展和落实等特点进行完善与补充。评价指标体系的建立是对区域孤独症儿童幼小衔接质量检核的基础,结合区域孤独症儿童幼小衔接教育的特点对评价指标进行设计,并通过科学方式对评价体系赋值,对孤独症儿童幼小衔接教育工作具有重要意义。

(一)幼小衔接教育质量评价指标再设计

　　结合 CIPP 评价模型的背景评价、输入评价、过程评价以及成果评价,构建区域内孤独症儿童幼小衔接质量评价模型,如图6-3所示。构建区域内孤独症儿童幼小衔接质量评价模型设计包括教育实施准备、教学准备、教育组织实施及教育效果反馈。评价项目相互独立且相互衔接,背景评价与输入评价为区域内孤独症儿童幼小衔接实施的基础与前提,过程评价与成果评价为背景评价和输入评价提供信息反馈,并

指导相关内容的调整与完善。

图6-3　区域孤独症儿童幼小衔接质量评价模型

　　孤独症儿童幼小衔接教育质量评价指标的设计，在评价框架的基础上，结合区域内孤独症儿童幼小衔接教育的特点以及评价标准进行完善与补充。参考评价框架中提出的11项关键指标和53个考察要点，将11个关键指标作为二级指标，53个考察要点设立为三级指标，进而对三级指标进行具体的情景化与参考赋值，在得分方面主要采取每项平均分值计算，最后将三级指标平均分进行综合计算。具体的指标体系设计如下：

　　1. 教学实施准备

　　主要是对区域内孤独症儿童幼小衔接教育实施的背景进行评析，其重点在于对服务对象的需要、问题、资源等方面的明确。教学实施准备方面设立了3个二级指标，在三级指标层面依据幼小衔接实施情况进行了具体细化，主要设立了关于政策背景、环境背景、需求背景等方面的具体指标。教学实施准备层面的评价是幼小衔接教育落实的基础,因此在三级指标中将研究对象具体化,将三级指标与幼小衔接教育实施对象进行联系与架构。

2. 教学准备

教学准备主要是对幼小衔接教育实施计划落实情况的具体了解,是对幼小衔接教育实施的具体论证。教学准备方面设立2个二级指标,三级指标依据实际情况进行具体的改动,包括实际的幼小衔接教育实施对课程实施的支持保障程度、课程设置实施实践经验、开设课程是否满足学生需求、团队资质与能力、授课教师是否适合等方面指标。

3. 教学组织实施

教学组织实施的评估主要是对幼小衔接教育的执行过程进行分析,即对相关教育教学实施情况进行检查、判断,在这个过程中也会包含反馈的部分。在幼小衔接教育实施过程的评价中,设立了3个二级指标,将三级指标具体细化,主要是围绕着课程设计的目标是否达成,课程实施策略是否正确贯彻执行,学生参与课堂教育中的基本情况,孤独症家长的配合和反馈等方面指标。

4. 教学效果反馈

教学效果反馈是对孤独症儿童幼小衔接项目目标完成情况进行分析。教师通过教学效果反馈了解课程实施结果,进而与预期目标进行对比,从而总结课程实施的效果,这个环节涉及成效的检测。由于幼小衔接教育实施在社会层面的影响重大,课程体系的构建与推广是其中重要的二级指标。教学效果反馈中设立3个二级指标,三级目标的具体细化主要包含了不同主体在幼小衔接课程实施过程中取得的成效,包含学生的成长、教师的专业成长以及孤独症儿童幼小衔接课程的构建等相关指标。

(二)幼小衔接教育质量评价指标赋值

幼小衔接教育质量评价指标的赋值,参考了德尔菲法对评价体系进行建构与赋值设计,优势是可以保证在指标的构建中能够吸纳不同专家的意见,让他们在自身已有的经验与学识的基础上,独立地做出自己的选择和判断,最终确保构建过程的可靠性和客观性。评价指标赋值邀请的人员主要包含幼小衔接课程实施中的核心人员以及相关的特殊教育专业人员,共计9名代表。其中包括了2名孤独症儿童幼小衔接教育落实的课程教师,他们具有充分的幼小衔接教师的实践经验;2名稳定接受服务的孤独症儿童家长,其孩子均参与到幼小衔接的教育中;2名孤独症儿童所在学校的资源教师,对孤独症儿童幼小衔接教育全过程有深入了解;3名专业督导,是具有丰富的孤独症儿童知识,并在孤独症儿童幼小衔接方面有着丰富学识的专家教师。

对幼小衔接教育质量评价指标进行赋值,首先是对孤独症儿童幼小衔接教育项目评估指标的合理性征询意见,评估人员对专家提出的相关意见进行梳理并对相应的指标体系进行调整,然后将调整好的指标体系再次反馈给专家征询意见。如此反复,直到完成指标体系的构建。其次是对评估体系中的各个指标进行权重赋值,评估者邀请专家学者就评估指标总分值的设置以及各项指标的赋值情况征询专家意见,评估者在整理分析专家意见的基础上,统计指标的均值,对于需要调整、有争议的指标赋值,由评估者和赋值人员进行二次商榷再赋值,最终形成完整的评估体系和赋值,并将完整的评估体系表反馈给各个评估人员,从而正式完成评估体系的构建(具体流程可见图6-4)。

评估指标的赋值是区域内孤独症儿童幼小衔接教育执行与落实的重点。具体指标的赋值分为四个层面,教育实施准备层面包含3个二级指标,主要是对幼小衔接教育实施所处的基本情况的了解,其赋值设置为1分,对幼小衔接服务存在重要的直接影响的部分赋分为3分。教学准备层面的指标主要评估的对象是幼小衔接教育实施方案,实施条件与优势条件是对孤独症儿童幼小衔接教育落实的现实条件的评价和判断,这一部分主要作用于教育实施前后的对比,这一部分的指标赋值为1分;教学准备层面还突出幼小衔接教育实施的可行性与有效性,此部分较为重要,因此每一个指标的赋值为3分。教学组织实施层面的指标关注了区域内孤独症儿童幼小衔接教育实施的整体过程,对今后教育实施的过程以及调整具有重要的意义,因此这一部分的指标赋值多数为3分,作为对教育实施过程条件的部分赋值为1分,要结合过程层面的不同指标侧重进行分别赋值。教学效果反馈层面指标与融合教育项目有效结合,更能够体现出融合教育实施的效果,这一部分的指标赋值为3分。另外,评价实施效果和对服务对象的影响,指标的赋值为1分,以此来评估幼小衔接教育实施的社会影响。

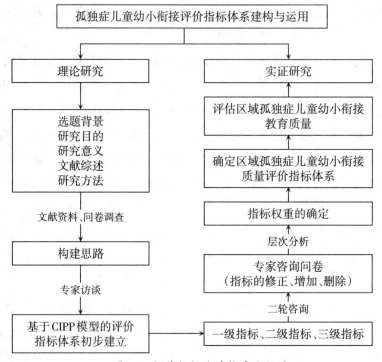

图6-4 评价指标体系构建流程图

评估指标的评分主要是由访谈对象、幼小衔接教育实施的相关人员进行的,评估者通过计算一级二级指标的平均值,统计各个指标得分具体情况,并进一步与访谈对象的资料进行对比和结合,从而形成相应的结论。根据CIPP对相关项目评价的普遍设置,并结合文献资料,区域内孤独症儿童幼小衔接评估体系采用百分制:55分以下为不合格,表示未达到预期要求,教育成效与教育要求差距较远;56—75为一般,表示基本完成项目任务,但是项目实施过程中存在许多问题,需要在多个方面进行改进；76—85为良好，表示较好地完成了项目指标与任务，符合幼小衔接教育实施的宗旨，具备成为合格项目的潜力；86分以上为优秀，表示完成项目各项指标的同时能够实现较好的项目效益，是一个合格的项目。

(三)幼小衔接教育质量评价指标体系表

区域内孤独症儿童幼小衔接教育项目服务内容主要围绕学校、社会以及家庭三个方面的融合与影响展开，其中需要孤独症儿童家长、资源教师、随班就读学校、特殊教育学校、相关专业人员的共同参与和推动才能更好地反映幼小衔接教育的实施情况。幼小衔接教育质量评价指标体系从家庭、学校、社会三个主体出发。学校层面包含特殊教育学校、孤独症儿童随班就读的普通学校在幼小衔接教育实施过程中的支持与服务，特殊教育教师、资源教师等在幼小衔接教育实施过程中的能力和理念提升。家庭层面围绕着孤独症儿童的衔接转化，以及家长的融合意识与衔接能力的提升。社会层面主要围绕着幼小衔接教育实施对社会环境的影响，以及社会各界给予的支持与服务展开。结合CIPP模式基本特点，对幼小衔接教育质量评价指标体系进行评分。再根据评价体系表构建流程，制定孤独症儿童幼小衔接质量评价指标体系表（见下表6-4）。

表6-4　区域孤独症儿童幼小衔接质量评价指标体系表

一级指标	二级指标	三级指标
教育实施准备	教学目标	有机结合知识与技能、过程与方法及情感态度与价值观三维目标，建立目标体系。
		结合学生能力及基本情况，设计个别化目标。
		目标设计具有层次性，满足不同层次孤独症儿童幼小衔接的学习需求。
		教学目标具体、准确，具有实际可操作性。

孤独症儿童幼小衔接的理论与实践探索

一级指标	二级指标	三级指标
教育实施准备	环境基础	落实与宣传国家与上级教育行政部门的整合教育、幼小衔接法律法规。
		幼小衔接相关学校包含的相关设施设备、实践基地以及教育资源。
		学校重视孤独症儿童幼小衔接教育,开展相关转衔服务活动。
		学校的制度保障,制订相应的实施方案、计划及组织保障方案。
	家校基本能力及态度	学校进行孤独症儿童教育评估及制订个别化衔接计划。
		学生认识到幼小衔接教育的价值,具有进行幼小衔接课程及活动的意愿,并愿意参与幼小衔接教育相关活动。
		教师认识到幼小衔接教育的重要性,具有幼小衔接教育相关专业能力和经验。
		家长认识到幼小衔接教育的重要性,能够配合学生幼小衔接相关教育的实施和活动。
教学准备	教学内容	内容包括:学习准备(自理、语言表达、社会交往等)、小学相关知识(相关课程知识准备、学习方法、规则学习等)。
		衔接小学一日安排的适应性教学与学习。
		符合学生学习、个性及兴趣需要。
		学生学习的教学内容划分合理。
	教学资源	衔接学校具有课程实施场地、硬件设备,以及相关经费、资源保障。
		衔接学校具有专门的幼小衔接教育师资队伍。
		具有支持幼小衔接实施课程教学资源。
教学组织实施	学生参与	合理安排学习实践,坚持参与学习活动。
		每节课均提供相关知识学习的实践机会。
		学生积极参与幼小衔接学习活动,具有克服实践过程困难的态度。
		具备幼小衔接学习的基本学习和生活能力。
		有与同学分工合作、友好相处的基本方法,并完成相关学习任务。
		能够适应衔接学校的一日活动安排,遵守课堂纪律及班级规则。

一级指标	二级指标	三级指标
教学组织实施	教师引导	幼小衔接课程类型多样,安排合理。
		课程教学目标明确,内容明晰具体,教学准备充足。
		课程教学全面了解学生幼小衔接基本能力、学习需求、兴趣爱好等。
		合理安排幼小衔接课程顺序以及授课时长。
		善于活跃课堂气氛,学生课堂活动参与度高。
		对幼小衔接相关教学及知识内容熟悉,教学内容难易程度把控得当。
		灵活应用教学方法,教学环节具有创新性。
		教学过程注重学生良好学习素养(合作、配合等)的培养。
		及时有效评价及反馈学生的课堂表现及作业表现。
		引导家长参与到学生幼小衔接学习中。
		及时指导反馈家长配合学习的情况。
	家长配合	了解学生幼小衔接学习内容。
		与教师幼小衔接教学方法及理念一致。
		遇到问题及时如实与教师沟通交流。
		督促学生家庭作业的实施及完成。
教学效果反馈	教师专业发展	教学方法、策略多样,适宜不同学生学习特点及需要。
		参与幼小衔接教育相关培训。
		形成幼小衔接教育相关成果(课题、论文、展示课等)。
		幼小衔接教育相关经验累积和提升。
		对幼小衔接教育具有新的思考和展望。
	学生能力及适应性	孤独症儿童能够进入小学。
		孤独症儿童相关基础能力得以提升。
		孤独症儿童适应小学的生活与安排(作息、课程时长、环境变化等)。
		具有合作、团结等友好相处的社交技能。
		理解他人情绪表达。

第六章 区域孤独症儿童幼小衔接的质量评价体系建构

一级指标	二级指标	三级指标
教学效果反馈	课程体系构建	课程具有系统性,循序渐进,对幼小衔接有成效。
		课程体系符合不同学生需求,具有灵活性。
		能够结合地区和学生需要,弹性调整体系内容。

二、区域孤独症儿童幼小衔接质量评价实施

区域孤独症儿童幼小衔接教育的实施需要家庭、学校和社会三方的共同推动,特殊教育教师、资源教师、孤独症儿童家长及相关专业专家作为主要参与者在幼小衔接教育实施过程中均发挥着重要作用。幼小衔接质量评价是对教育实施有效性的重要判断,是对项目实施全过程进行总结和反思的重要基础,实施质量评价有助于发现教育实施过程中的不足,并进行后续的调整和完善,对幼小衔接教育的未来发展和落实具有重要意义。

(一)评价主体

区域内孤独症儿童幼小衔接教育的落实需要多方的共同参与和推动才能够顺利完成。参与区域孤独症儿童幼小衔接教育的主要人员包括:特殊教育专业教师、资源教师、孤独症儿童随班就读班级教师、孤独症儿童家长。孤独症儿童幼小衔接教育的参与者均是幼小衔接教育质量评价的评价主体,通过不同参与主体对幼小衔接教育实施的评价,能够全面地了解幼小衔接教育落实的情况,发现其中的优势和不足,为后续的幼小衔接教育实施提供参考。

(二)评价方式

在问卷调查的基础上,对区域孤独症儿童幼小衔接教育质量评价,还可以借助访谈、课堂观察等方式对区域孤独症儿童幼小衔接教育实施现状进行评价。可以对区域孤独症儿童幼小衔接教育主要人员进行问卷调查,从而了解不同主体下幼小衔接教育实施的情况以及成效,进而

对主要参与者代表进行访谈，进一步深入了解幼小衔接教育过程中不同主体的感受以及实施过程中的问题；可以通过观察孤独症儿童的课堂表现，直观观察幼小衔接教育对孤独症儿童幼小衔接适应性提升的成效。通过多种评估方式，能尽可能客观全面地了解小衔接课程落实的成效。

(三)区域孤独症儿童幼小衔接质量评价结果与分析

根据CIPP评估模式的具体内容以及该模式在教育相关项目中的实际应用，结合相关文献研究和区域孤独症儿童幼小衔接教育的实施情况，参考其他学者关于CIPP模式在不同项目评估过程中的具体应用，编制幼小衔接服务评估指标，对该项目实施情况进行分析。根据CIPP评估模式设立了三级指标，一级指标为教育实施准备、教学准备、教学组织实施以及教学效果反馈4个，之后11个关键点作为二级指标，53个考察要点作为三级指标，然后根据这些指标对孤独症儿童幼小衔接教育进行评价和赋分。结合CIPP评价模式构建的评价指标体系对孤独症儿童幼小衔接教育进行评估时，总分数为百分制，幼小衔接教育评价的总得分为87.8分。教育实施准备层面总分为11分，幼小衔接教育的得分为9.7分；教学准备层面的总分为20分，幼小衔接教育的得分为17.7分；教学组织实施层面的总分为38分，幼小衔接教育的得分为33.6分；教学效果反馈层面的总分为31分，幼小衔接教育的得分为26.8分。整体而言，孤独症儿童幼小衔接教育效果较好，在不同的方面均取得了不错的成效。

1. 教育实施准备结果与分析

教育实施准备层面取得较好的成效，表明区域内孤独症儿童幼小衔接教育实施的背景基础较好，人们对服务对象、随班就读政策，以及孤独症儿童幼小衔接方面有较好的认知基础。出现这一现象的原因可能包括：调查的对象均为特殊教育专业方面的从业者，且参与调查的家长正处于孩子幼小衔接的关键阶段，因此对区域内的相关政策和幼小衔接现状具有基础性的认识，对孤独症儿童所面临的困境、所存在的问题以及迫切需要提供的支持有较为明确的答案。教育实施准备层面的调查很

好地反映了不同主体对政策、服务、支持等方面的认识以及服务需求,针对幼小衔接教育实施的内外部资源进行了较好地分析,在此基础上更好地对存在的问题进行了清晰的界定。

2. 教学准备结果与分析

教学准备层面得分处于中上等水平,表明区域内孤独症儿童幼小衔接教育的落实程度较好,在实施孤独症儿童幼小衔接教育的教师和孤独症儿童家长的实践经验和衔接经历的支持下,区域内孤独症儿童幼小衔接教育质量具有较好的保证。幼小衔接教育的实施是与区域内进行融合教育的普通学校共同合作开展的,学校教师有较好的实践经验,对孤独症儿童的幼小衔接需求比较了解,因此能够及时地调整孤独症儿童幼小衔接教育的内容,从而更加契合区域内孤独症儿童幼小衔接教育的实施。区域内孤独症儿童幼小衔接教育的实施具有重要的现实意义,对区域内融合教育的发展以及孤独症儿童教育发展具有重要意义,孤独症儿童幼小衔接教育的落实会持续推进,教育宗旨符合区域内发展要求,且教育体系完善,贴合孤独症儿童及融合教育的发展需求。但是就评价体系中存在的问题也要做出相应的教育策略调整,为区域内孤独症儿童提供更加适切的衔接教育。

3. 教学组织实施结果与分析

教学组织实施更加注重孤独症儿童幼小衔接教育实施的全过程,过程评价得分较高,表明在区域内孤独症儿童幼小衔接教育进行过程中,参与人员能够较好地落实教育教学,按照幼小衔接教育计划展开,并且能够充分调动家长、社会人士、学校以及相关专业人士的共同支持,形成合力,多方联动下共同推动幼小衔接教育的落实,解决孤独症儿童在衔接过程中可能出现的困境与问题,对融合教育的发展具有重要影响,过程中联动社会资源取得了较好的社会支持,具有较好的社会影响力。幼小衔接教育实施过程中,特殊教育学校和普通学校均有稳定的专业人员共同为孤独症儿童提供支持和服务,两方会就孤独症儿童的转变情况及时沟通,也会邀请专家教师对孤独症儿童幼小衔接教育开展研讨会议,并提供专业督导,尽可能地保证孤独症儿童幼小衔接教育的有效性,并及时调整不合适的地方，为学生提供更好的支持与服务。但是在教育实施过程中，存在着人员配合、配合的效率、流程制度的执行等亟须关注的方面。

4. 教学效果反馈结果与分析

教学效果反馈层面分数处于中上，表明区域内孤独症儿童幼小衔接教育取得了比较好的成效。孤独症儿童幼小衔接教育的开展，帮助区域内孤独症儿童较好地衔接进入小学中，并在普通学校中稳定就读，教育对象的认可和积极变化与发展是幼小衔接教育实施的重要方面。项目取得成效不仅仅表现在孤独症儿童本身的发展，同时也对孤独症儿童的家庭产生了正向的影响，让区域内孤独症儿童的家庭产生积极的转变，推动了区域融合教育的发展。在学校层面，普校教师和特殊教育教师在幼小衔接教育实施过程并积累了经验更好地解决相应问题，提升了自身的多方面技能和经验。从社会影响层面，孤独症儿童的幼小衔接促进了普特融合的发展，多方的倡导活动、多方的资源支持，扩大了社会对孤独症儿童群体的认识，为未来的融合教育事业发展奠定了较好的基础。与此同时，幼小衔接教育实施构建了残联相关部门与教育部门的合作联系，工作成效也获得了相关部门的认可与关注，具有较好的社会效益。但是由于现实因素的多方面影响，目前的孤独症儿童幼小衔接教育实施的服务对象有限、教师的教育手段和措施等专业能力仍需不断提升，社会影响力有待进一步扩大。

三、结论与反思

结合幼小衔接评价体系，区域内孤独症儿童幼小衔接教育实施取得了较好的成效，幼小衔接教育的评估有利于帮助孤独症儿童幼小衔接教育实施团队及其他关注者了解整个教育落实的情况，从而发现教育过程中的优势以及可持续推广的重点，通过总结反思，发现幼小衔接教育实施过程中的不足和问题，从而改进幼小衔接教育实施过程，更好地为区域内孤独症儿童服务。

（一）结论

根据研究目的,基于CIPP模式建立区域孤独症儿童幼小衔接教育质量评价体系,从而了解教育的实施情况和内容进行评价和分析,并结合访谈、课堂观察等形式,对幼小衔接教育进行整体分析,从而得出如下结论。

1. 多元支持是幼小衔接教育顺利实施的基础

区域内孤独症儿童幼小衔接教育的开展与落实,需要多方人员的共同参与,孤独症儿童家长、普通学校教师、资源教师、残联、教育局等相关人员都是孤独症儿童幼小衔接教育的主要参与者,在教育实施过程中发挥着不同的重要作用。孤独症儿童家长担任教育开展的监督者和反馈人员,孤独症儿童幼小衔接教育包含了学生的课业和基本技能准备,结合孤独症儿童的学习特点,儿童学习的内容需要同学们在家中进行多次、日常的练习,将学习的内容内化,并在实践中逐渐掌握,这个过程中,需要家长的及时监督和反馈,从而更好地为学生提供教育和支持。资源教师和普通学校教师就孤独症儿童的特点以及学校教学,共同研讨制定孤独症儿童的个别化教育衔接计划,并共同监督实施衔接教育。在进入小学后,针对学生的问题,资源教师为普通学校教师提供支持,共同解决学生的实际问题。学校领导、教育局、残联等相关部门人员为孤独症儿童幼小衔接教育的实施提供政策和经费保障,从上层建筑支持幼小衔接教育的开展。区域孤独症儿童幼小衔接教育的顺利开展需要各方面资源的支持,学校周边环境、学校地理环境、国家政策和经费支持有助于孤独症儿童幼小衔接教育的发展。

2. 家、校、社通力合作是幼小衔接教育顺利实施的支撑

幼小衔接教育的实施过程中,家庭、学校、社会均发挥着重要的作用。家庭层面,孤独症儿童作为幼小衔接教育的服务对象,学生学习情况和能力掌握程度直接关系到幼小衔接教育的实施成效;孤独症儿童家长是幼小衔接教育实施的重要关系人,家长的教育诉求是幼小衔接教育实施的重要部分,家长对学生学习的动态反馈是幼小衔接教育调整的重要参考,也是教育实施适切性的重要保证。学校层面,幼小衔接教育的

顺利实施需要普通学校教师、特殊教育教师的共同支持,两者通力合作为孤独症儿童的衔接和融入服务,孤独症儿童的幼小衔接对普通学校和特殊学校都有重要意义。衔接教育过程中,特殊教育教师为其融入小学生活做必要的课业及基本技能准备,普通学校教师为孤独症儿童的衔接提供必要的支持,普通学校和特殊学校要形成合力,共同为学生服务。社会层面,国家政策、政府的经费支持是实施幼小衔接教育的基础,孤独症儿童教育相关的政策保证了学生受教育的权利,相关政策的提出,让孤独症儿童教育得到了较大的发展。政府的经费投入不仅仅是教育的实施本身,还包含学校及其周边环境的设施投入,学校建立资源教室,补充孤独症儿童教育必要的教育教学设施等,社会各界人士对孤独症儿童教育的关注,都是孤独症儿童幼小衔接教育顺利开展的有力支撑。

3. 孤独症儿童幼小衔接教育实施富有成效

从评估结果来看,区域孤独症儿童幼小衔接教育的实施富有成效。区域孤独症儿童幼小衔接教育对孤独症儿童的衔接需求以及区域内融合教育发展现状掌握较为清晰,幼小衔接教育团队在进行孤独症幼小衔接教育过程中,具有较好的执行能力,并结合区域内融合教育发展的特点、政策要求以及周边环境资源,综合考量为孤独症儿童提供适合其发展的幼小衔接服务。教育计划依据服务对象的特征和实际需求进行设定,教师制定个别化衔接计划,实施过程中多方联动资源,各方人士及时沟通与反馈,及时有效地解决孤独症儿童幼小衔接中的问题,帮助其成功适应小学,促进其社会融入,让其家庭获得支持,缓解家长的焦虑,提升家庭的幸福感;普通学校教师在孤独症儿童的教育过程中得到赋能,帮助老师能够更好地处理孤独症儿童在校的实际问题。孤独症儿童幼小衔接教育的落实推动了区域融合教育的进一步深化,加强了社会对融合教育的认识,具有较好的社会价值。

(二)反思

区域孤独症儿童幼小衔接教育的实施取得了较好的成果,帮助孤独症儿童成功适应普通小学,孤独症儿童的多方面能力均获得了提升,区域内融合教育事业获得了较大的进展。但是在幼小衔接教育实

施过程中存在着许多问题和困境,需要在未来的幼小衔接教育中进行调整。

就区域孤独症儿童幼小衔接教育实践现状来看,当前的融合环境中发展孤独症儿童幼小衔接教育仍面临许多困境,包括学校无障碍环境的不健全,对外部资源的分析和利用程度不足。在孤独症儿童幼小衔接教育过程中,参与人员较多,且牵涉方面较多,教育实施过程中人员的稳定性和配合度需提升。孤独症儿童幼小衔接教育的未来发展和实施,需要相关人员共同总结和反思,思考实施过程中出现的问题的解决方法,提升教师专业能力,更好地应对孤独症儿童幼小衔接教育过程中的各项问题。

第七章
区域孤独症儿童幼小衔接的成功案例

　　自2005年开始,杭州市上城区依托杭州市杨绫子学校成立区特殊教育资源中心,开始了资源教室工作试点探索。2015年,上城区被浙江省教育厅列为卫星班试点区,并将随班就读工作向学前教育与初中教育两端延伸。随着融合教育工作深入到各个学校,经过多年的研究与实践探索,在区资源中心的有效支持与普通学校的积极配合下,随班就读的孤独症儿童及其他各类有特殊教育需求的儿童都有了很大的进步,学段间的转衔也变得更轻松;各校(园)的资源教师提升自己融合教育相关的专业知识与能力,开展工作时更加富有策略;各个普通学校都形成了自己的融合教育工作特色,为孤独症儿童创造了更和谐的融合校园。

第一节　成功衔接，共融共生

一、有效的支持课程打造孤独症儿童无痕的融合之路

昊昊是一名普通幼儿园大班的孤独症孩子，孤独症特征比较典型，有一定的沟通交流能力，但是大部分的语言都是词语或短语，且语音语调异常；喜欢和同伴进行交流活动，但总是进入不了别人的活动中；刻板行为较多，经常一段时间会更换一种。因为长得很帅气，没有过激的挑衅性行为，老师们非常喜欢这个孩子，总是在多方面提供帮助。上城区融合教育资源中心联合幼儿园的资源老师以及昊昊的班级老师对昊昊的能力进行评估、研判，并制定适合昊昊的IEP，在IEP的指引下，对昊昊的园本课程和个性课程做了特别的调整。

（一）小组学习掌握社交沟通技能

"昊昊，你看谁来了？""江老师……来了。"昊昊看到过来的老师，开心地回应了一句，随后迫不及待地拉高声调，"江老师……上课去了"。资源中心江老师每周一次的个训课，是昊昊每周的期待。

其实昊昊最开始看见江老师时并没有如此热情，刚开始打招呼时，鹦鹉学舌式的语言在他身上表现得非常明显，脸上没有表情，眼神四处看，就是不看老师。江老师上课，他还经常不适应地大哭。

随着对昊昊情况的深入了解，依据昊昊的学习能力和学习特点，结合昊昊已经处于大班、很快要进入小学的情况，江老师安排了较多的社交沟通课，并选择一些沟通能力较好的同伴，和他一起玩有趣的规则游戏，让他在游戏活动中交新朋友，学习礼貌与规则，增强沟通与合作。慢

第七章　区域孤独症儿童幼小衔接的成功案例

慢地,昊昊脸上的表情丰富了,还学会了偷偷地捂嘴笑。昊昊主动沟通的语言多起来了:"豆豆,该你了。""玩这个,好吗?"他还能惦记旧伙伴,结交新朋友:"今天悠悠没有来。""答对了,你真棒。"……

（二）个训内容融入班级课程

由于特殊需要孩子在普通班的最终要求是追求有效的融合,因此班级是融合教育的主要阵地。江老师和班级老师将在个训课中教授的技能渗透到班级课程中,特别是在区角活动和户外活动,以及规则与沟通技能使用最频繁的场景,有效运用经实证验证的教学策略进行目标导向的教学,让昊昊将学习的技能在日常生活情境中泛化。

幼儿园老师谈起昊昊的变化:"昊昊终于不找那一个小朋友了。""今天中午旁边小朋友说还要喝汤,昊昊第一次举手说'还要喝汤',旁边小朋友都看着他,以前从来没有过。""户外活动,以前总是看见昊昊一个人玩自己的,现在经常看见昊昊站在那边看同学玩,遇到会玩的活动还会跟在他们后面。"

这些技能在昊昊进入小学后也得到了比较好的体现。在对小学老师的访谈中我们了解到:"平时课间他会去找同学玩,只不过在玩的方式上会相对'幼稚'一些,一般是一些追逐活动,同学也比较愿意和他玩。"

（三）课程中积极行为支持

幼儿园在大班期间有一个专门的教育主题"小学是怎么样的",整个主题教育包括认识小学环境、了解小学生活、感受小学学习等一系列的活动。对于昊昊来说,遵守适应小学的作息与规则是第一要素。基于昊昊的行为特点,遵守课堂常规对他来说还是比较容易的,老师在教学中及时对昊昊进行表扬也进一步促进了昊昊在规则上的适应。在走进小学校园的活动中,昊昊也充分参与其中,其他老师都表示,如果不讲话,不太看得出他的特殊性的。

昊昊进入小学后,我们持续跟踪昊昊的情况,小学老师也反馈道:"昊昊还是比较乖的,虽然学业上有困难,但没有扰乱课堂的行为。课堂上老师也会适当关注一下他的学习,他也笑嘻嘻地跟着老师做。"

与幼儿园相对自由的学习生活要求相比,在小学需要稳定应对较为复杂的沟通情境及遵守较为约束的课堂常规。适应小学的体验和学习,沟通能力的提升与熟练,就是孤独症儿童幼小衔接支持课程的重要内容,通过这些课程的训练,孤独症孩子会比较快速地融入小学生活。

二、家长的配合和支持是成功融合的第一要素

孤独症孩子上普校还是特校,对家长来说是一个重要的问题。有的家长很执着于普校,有的家长淡然地选择特校,更多的家长会来回纠结。对日趋成熟的融合环境,不管是从推动融合教育或是有利于孤独症孩子的成长发展来看,选择普通学校就读是未来的主要趋势。

在这个过程中,上城区融合教育资源中心承担着重要的纽带作用。在幼小转衔的过程中,区资源中心会依照学生家长的意愿将在幼儿园进入资源教室的幼儿提前告知小学,让小学在班级和班主任的安排上给予一定的倾斜。同时,区资源中心会联合区教育局、幼儿园、小学等多部门给予家长充分的咨询与沟通。

(一)入学选择:普校还是特校

在教育政策上,目前所有有特殊需求的学生,包括孤独症孩子,都应该享受和其他孩子同等的教育权利。家长在条件符合的情况下,可以自主选择。

问:我的孩子想读普通学校,学校会不会收?

答:按照《义务教育法》,只要您孩子符合学校招生的户籍、学籍范围,学校就应该是零拒绝接收您孩子入学。

问:我的孩子发育要慢一些,能不能迟一点读小学?

答:可以的,只要凭相关的证明材料到教育局和相应的小学办理缓读手续即可。

问:我的孩子特征表现并不是那么明显,可以不告诉学校吗?

答:出于对学生的保护来说,你可以选择在没有异常状态下先不告诉学校。但是,现在普通学校的老师对孤独症孩子的了解也逐渐深入,

他们也能观察出孩子的情况,如果老师询问,还是建议如实告知,这样会更有利于老师处理突发情况。

问:我的孩子能力比较弱,但是我又不想让他去特殊学校,我觉得普通学校有相对正常的环境,我不希望他学业怎么样,我就是希望他会习得一些更自然的能力。

答:这个想法是很好的。在融合教育理念中,特需孩子接受教育的环境应是最少受限制的,普通学校则是最具备这一条件的地方。特殊学校的环境是受孩子能力、沟通等限制的。孤独症的孩子在最少受限制的环境中学习和生活,即便不做特意教学,也会自动习得在自然状态中的能力,比如上课坐好、举手发言、模仿学习等。只要有机会,我们便应去尝试。

有的家长在知晓政府政策和学校融合理念之后义无反顾地选择了普通学校的融合之路,家长的坚定是孩子成长路上最好的支持。有的孤独症孩子在进入小学后适应较好,家长即便如实告知孩子的情况,也没有给老师带来过多的影响,如实的告知还进一步加强了家校的联系,减少了家长和老师之间的隔阂,更有利于孩子的成长。

(二)学校适应:接纳还是排斥或是欺凌

在咨询的过程中,我们碰到更多的孤独症家长担心孩子在学校的适应情况。我们要做的是在了解普通学校资源教室建设及融合教育支持的前提下让家长安心地把孩子送到学校去。

问:幼儿园的小朋友比较单纯,小朋友都不太会欺负我们的孩子,但是小学里,孩子大了,有的孩子比较调皮,我的孩子在学校会受欺负吗?

答:对于这个问题,我们首先要做到的是确保我们的孩子不会主动去"欺负"别人,当然,我们的孩子并不是真正意义的"欺负",大部分都是沟通方式的不正确。这个正确的沟通方式是要让孩子学会的,并在环境中不停地尝试使用。当我们自己的孩子有了正确良好的沟通方式,别人才会用同样的方式来对待我们,这就是互相尊重。其次,如果真的有调皮的孩子来故意找碴儿,报告给老师是第一原则,切记不要自行解决问题。很多矛盾其实在于缺少沟通。老师对孤独症或者有特殊需求的孩子的认识和理解，我们从各个层面一直都在推广和普及。现在普通学校的大部分老师都对这些孩子有一定的了解，他们会有处理这些问题的办法。

问：在幼儿园里我们进了资源教室，老师都会有一些特别的措施，进了小学后，我们的孩子在普通学校会得到特别的关照吗？

答：小学里也和幼儿园一样，部分普通学校都设有资源教室，如果您的孩子有特别的需求，我们会根据您的要求给予一定的安排。在小学里如果要进入资源教室，要重新申请随班就读，那么我们会为每一个有特殊需求的孩子建档，制定个别化教育计划，为孩子量身打造属于孩子的个性需求。

问：普通学校的老师没有特殊教育的背景知识，他们能教我们的孩子吗？

答：我们区资源中心对资源老师有系统性的培训，同时，区资源中心的巡回指导教师会定时进校指导。

(三)支持辅助：陪还是不陪，怎么陪

孤独症孩子进入普通学校就读，陪读一直是家长、老师之间的热门话题，如何正确看待"陪读问题"呢？

问：我的孩子独立性确实比较弱，一年级可以进校陪读吗？

答：在我们看来，陪读是在孩子特定能力情况的前提下，融入普校的一种缓冲方式。是否可以陪读是需要和所在的普通学校共同商讨的，需要在尊重对方的原则下制定相应的陪读规则。我们建议家长陪读前最好给孩子做个入学评估，对其有全面了解，然后根据结果制定出针对性的提升方案，帮孩子把融合环境搭建好。陪读中，家长要留心收集数据，观察孩子的进步和变化，随时调整方案。

问：家长陪读好还是影子老师陪读好？

答：两种形式各有利弊。影子老师专业、客观，但陪读费用高昂，市场混乱，好老师难寻。家长陪读，对孩子的熟悉度高，很容易了解孩子的需求，方法好的家长很容易让孩子适应新环境，但也会因为依恋关系，孩

子对家长的指令反应迟钝,即便学习了专业的方法也很难执行。最后,家长选择怎么样的陪读方式还要由各自家庭经济实力和对孩子的适配度来决定。

问:具体要怎么陪呢?

答:具体的陪读方法很细致。第一,家长陪读,首先要做的,也是最容易忽略的,就是保持自己情绪稳定,要享受陪读的过程,因为你比别的家长多了更长的亲子时光。第二,陪读的终极目标是让孩子早日在学校中独立学习、生活,今天的陪是为了日后不陪,所以,在陪的过程中要学会逐步放手。第三,保持冷静,学业不是第一位的。孤独症孩子融入普校,最重要的是在自然环境中锻炼社交和课堂规则,所以保证他能够顺利地待在学校才是第一位的。

对于孤独症孩子的需求,作为桥梁和纽带的区资源中心,应给予全方位的政策解读,提供力所能及的教育支持,助推普通学校的融合教育,让更多的孤独症孩子和谐融入,让更多孤独症孩子的家庭安心平和。

三、普校教师的系统培训是成功融合的不二法门

就当前的融合教育环境来说,了解孤独症儿童,掌握孤独症儿童的教育方法是很有必要的。资源教师是促进孤独症儿童融合教育高质量发展的骨干力量,我们有对新晋资源教师进行的普及性培训,也有对资深资源教师进行的提质性培训,还助推各个学校进行特殊教育、融合教育的相关培训。经过资源中心系统性培训之后,再经过日常教学活动实践后,孩子的变化给了他们深刻的感悟。

(一)学有所想:我们是应该多了解一些特教知识

曾经我对特殊学生是存在着误解的。在学校有几个随班就读的学生,其中有孤独症学生。我只知道这几个学生奇奇怪怪的,也觉得班主任摊上这几个特殊学生是很"倒霉"的。而现在我知道了这些孩子由于身体基因的变异造成了身心的特殊。深入了解后,我更加明白要细心地去观察、了解学生,耐心地去教育、倾听学生,用心地去探索教育方法,为

每个孩子带来新的进步,让他们能更好的适应环境,挑战未来。

——朱老师

我有幸参加这样的培训,既开阔眼界,又开拓了融合教育的思路。现在学校里特殊需求学生人数多,孤独症学生让大家比较头疼。我们有很多的爱和耐心,但缺乏专业的知识。老师的培训对我们非常有必要,这些来自星星的孩子,不是笨小孩,他们有独特的价值,我们应该合理期待,扬长避短,挖掘优势能力,减少功利性要求,相信我们的融合教育越做越好。

——丁老师

有这么一群可爱可敬的教师和校长们,他们的研究和理念为特殊孩子带来了有效的教学和融合的环境,给特殊学生的家庭带来了助力和希望。虽然目前我没有接触到这种特殊学生,但是这次培训带给我的理念是做好特教基础服务的前提。感谢资源中心组织这次培训,让我的很多"知其然而不知其所以然"的观念具备了理论武器的包装。当然,实践出真知,培训后要切实把真知再次回归实践,才能真正发挥它们的力量!

——何老师

"适宜融合"的关键在适宜,不同的地区可以进行适合自己需求的融合。我联想到自己作为幼儿园老师,我们也会在集体备课时进行资源共享,但在实际带班教学过程中,我们会发现其实每个班孩子的已有经验并不相同,所以在将课程落实到班里的时候又需要根据班级实际情况,将教学内容进行班本化、童本化的调整。面对特需儿童,我们更要充分掌握孩子的现有情况,才能为其制定切实有效的训练计划,帮助其更好发展。

——虞老师

老师们参加培训的热情很高,每一次培训都会有热烈的讨论,在讨论中总会迸发出很多想法与点子,我们听到老师们常说的一句话就是:"我们是应该多了解一些特教理念,多学习一些特教的方法,这对我们来说真的有用。"

(二)学有所悟:教育故事"一朵玫瑰花的芬芳"

长长是中班新插班的小朋友,妈妈和姐姐带他来幼儿园的那天,他一直在教室门口没有进来,虽然一直没有开口说话,不过看上去也没有什么特别。一段时间后,我关注到长长不和老师打招呼,不交流,也不和同伴玩。他经常蹲在角落,有时还对着墙壁自言自语。他站在楼梯上,如果你不过去提醒他,拉他一把,他可以在楼梯上停留很久,忽闪忽闪的大眼睛给人的感觉却是冷冰冰的。

班里的宁宁小朋友有语言发展障碍,资源中心老师在给宁宁做个别训练的时候,邀请长长做"小助理",让他成为资源教室的小志愿者,每周都在固定的时间陪伴宁宁一起训练,配合老师做语言示范。而宁宁是一个"社牛姑娘",总在休息的间歇用不太清晰但热情的语言招呼着:"长长,快来玩吧!"慢慢地,长长喜欢上这个"助理"工作,脸上的笑容绽放得越来越多,他在陪伴小伙伴的同时也打开了自己的沟通方式。

看到长长和宁宁成了好朋友,我尝试和长长沟通:"我们做好朋友吧!"我主动伸出手,长长看着我,没有说话,不过也没有拒绝。我在游戏、生活中努力看到他的闪光点,并在同伴面前表扬、鼓励他,让班集体成为他喜欢、信任的"家"。渐渐地,长长会主动举手了,也会主动讲起家里的事,说姐姐很爱他……

星期一,又是一周新的开始,一个值得铭记的日子,雨雾蒙蒙的清晨,长长拿着一朵像阳光一样温暖美好的玫瑰,满脸灿烂的笑容,走过来对我说:"王老师,这朵花送给你。"这一刻,我的心被融化了。

这朵美丽的玫瑰,是在长长小朋友渐渐温暖的心里长出来的,玫瑰的芬芳属于中一班的所有老师、小朋友,属于资源中心的老师,属于每天热情迎接、为长长晨检的陈老师。而我何其幸运,接过了这朵芬芳的玫瑰,我会把这个芬芳的故事传递给更多人。

爱和接纳给予了长长融入新环境的机会,同伴之间的优弱势互补则是成就长长温暖融合的良方。在这里,老师们共同探讨,相互合作,恰当的方法用好了,惊喜就在不经意当中出现,让老师们感动不已。

四、幼小校园的融教之美是多方合作的系统工程

在上城区教育局和上城区融合教育资源中心的共同努力下,全区已

有七十多所中小学(幼儿园)建有资源教室,通过多年的融合教育探索,每个学校(幼儿园)都呈现出了各自的融合教育特色。

(一)让课程如影相随,让融合润物无声——杭州市行知金陶幼儿园的"慢一点"融合课程

作为杭州市第一批合格资源教室,杭州市行知金陶幼儿园通过近十五年的融合教育实践,让园内的每一个孩子都得到了适性的发展。幼儿园基于"全纳每一位孩子,包容每一次失败,支持每一次挑战"的全纳教育理念,提出要"慢"生活,构建"慢一点"融合课程,以提升特需儿童学习力、游戏力,促进普通儿童社会性发展为目标,让园内特需儿童与普通儿童共同通过生活活动、游戏活动、学习活动等形式健康成长,以期在生活教育的融合过程中,让全体幼儿都能获得适性发展。

1. 搭建"特色主题教育",让全体幼儿的生活"慢一点"

依据《3—6岁儿童学习与发展指南》,幼儿园一直为幼儿量身打造适宜的主题教育。首先,通过分析特需幼儿的个别化需求,将园本主题目标标记为团体教学目标和个别化目标,提炼并形成有着融合教育特色的主题活动,生成兼顾全体幼儿的主题目标。例如,聚焦社交技能发展的"快乐周五社会性活动——走进理发店"。其次,对主题目标中的知识、技能、情感及特色进行分析,确定教学内容、教学顺序以及教学方法等。最后,将团体教学目标和个别化目标整合适配,将合适的目标配入每个主题,确保个别化教育计划在主题中的落实。一步一步的沉浸式的体验活动给孩子们带来了深刻的感受,如"理发师为我们示范剪头发""让我也来试试洗头吧",每一个环节都会有孩子体验到"不着急,慢慢来,大家都是最棒的",让孩子们充满期待又愿意等候。特需幼儿在这样的主题活动中有感知、有体验,还收获满满的善意和温暖。融合,让这些"小蜗牛"们也努力地一步一步往上爬。

2. 融入"一日生活活动",解决儿童问题行为"多一点"

从早上入园,幼儿便开始了园内一日生活。幼儿园参照《上城区幼儿园一日生活保教常规(试行版)》,对一日生活中的十三个方面都做了细致的要求,全方位给予幼儿科学保教。每一位幼儿在一日生活中总有

磕磕碰碰,对特需幼儿来说,问题可能会更多一些。幼儿园秉承让全体幼儿和谐共融的理念,针对特别的问题行为,通过不断观察孩子,思考背后的原因,尝试解决问题,形成了《特需儿童行为解决小手册》(以下简称《手册》)。《手册》从功能性行为分析的角度给出解决问题行为的小妙招,如特殊幼儿的攻击性行为是什么表现,一般是什么原因,解决的对策有哪些,在团体课中如何避免,在个别辅导的时候如何教学,等等。这大大提高了问题干预的效率,降低了问题行为出现的频率,提升了特需幼儿参与团体活动的质量。

3."功能教室"扩大化,提升特需儿童能力"好一点"

幼儿园创建感官长廊、动作体能室、艺术涂鸦室、蒙氏操作室、绘本阅读角等不同功能区域,这些区域不仅是幼儿园常规的功能场所,也是具有专项功能的资源教室。无"触"不在的感官长廊,满足了孩子的好奇与探索,刺激幼儿的感知觉趋于平衡;拥有各类器材的动作体能室,满足了多种身体需求,促进幼儿身体协调与稳定;充满幻想的艺术涂鸦室,孩子们用眼睛感知色彩,用艺术表达自己,在美好的艺术氛围中保持安静平和……资源老师根据特需幼儿的需求利用不同功能场所开展个训、团体训练,让其个体能力得到提升,使他们更好地适应集体生活。

行知金陶幼儿园认为,特需幼儿更加需要幼儿园、家庭、社会的支持与理解,我们"慢一点",他们就会更"好一点";我们"多做一点",他们就会更"快乐一点"。

(来源于杭州市行知金陶幼儿园融合教育案例。该学校为杭州市示范性资源教室,上城区首批融合教育示范校,杭州师范大学融合教育教学科研实践基地)

(二)普特协同支持下孤独症学生卫星班安置模式的实践探索——杭州市金都天长小学的融合教育案例

杭州市金都天长小学在"和美教育"办学理念的引领下,逐步形成了"和而不同,美美与共"的学校文化,构建了"共行、共读、共情、共融"的融合教育模式,开发了以生为本的融合教育课程,同时加强普特结合,相互支撑,力求让每一个特殊学生享受公平而有质量的教育。

1. 一个全纳的融合教育环境

卫星班是浙江省为特殊教育学生独创的一种安置形式,学生学籍在特殊学校,但他们每天都在普通学校普通班的环境中参与课程和活动,只有在抽离式课程时才会去卫星班上课。在普特教师的引导下,他们有自己的帮扶伙伴,也能够主动参与小组活动、班级演出活动,参与度更高,认同度也更高。

2. 多维评价的双重成长档案

卫星班学生每人都有两份成长档案。他们在普通班级中和其他学生一样,都有一份专属的成长档案,包括学生信息、个别化辅导、成长荣誉、教师评语等。此外,卫星班学生还有一份纸质档案,主要由卫星班教师记录填写,内容包括他们的个案分析、个别化教育计划、团队教学实施方案、补救教学实施方案、康复训练情况、个训辅导情况,还收集他的同伴互助、性格特征、爱好特长、成长故事等资料。

3. 普特结合的三维课程实施

所有卫星班学生的障碍类型均为孤独症,他们的现有学习水平和学习潜能各不相同,均存在不同程度的社交障碍,且与所属班级学生存在较大差异,因此需要调整课程安排和课程目标,促进其发展。针对这一情况,学校构建了全校性的融合支持课程体系,根据能力层次分为三个维度:同样的课程、多重水平课程、替代性课程。在这里,依照孩子的不同能力给予不同的课程支持。

每一个孩子都是一个鲜活的生命,每一个个体都以一种独特的形式存在于世间,同样值得我们用爱去浇灌。与生命同行,让生命美好,使每一个生命自由而舒展,是杭州市金都天长小学融合教育的意义和价值所在。

(来源于杭州市金都天长小学融合教育案例。该学校被评为杭州市示范性资源教室,杭州市特殊教育卫星班优秀示范点)

普通学校是融合教育实施的主阵地,只有各自学校的融合教育推行得深入、优质,孤独症孩子在各个阶段才能得到适当的融合教育支持,适应周期才会变短,适应才会变得更容易。

第二节　孤独症儿童学前幼小衔接的发展与展望

让孤独症儿童得到良好可适的教育,并融入社会是我们所追求的目的,更重要的是实现教育共富,是国家提倡、人民期待的。孤独症儿童幼小衔接是探索适应残疾儿童和普通儿童共同成长的融合教育实践研究,借助了发展成熟、全面的特殊教育资源中心的功能优势,以孤独症儿童幼小顺利衔接、高质量融合为目标,其探索与实践具备完整的组织架构,对孤独症儿童区域内幼小衔接顺利进行雷达式扩展与推广极具优势。

孤独症儿童幼小衔接的区域发展可以基于生态导向和支持视角,构建本区域内相关领域共同合作的幼小衔接运作机制;从多维的课程、融合的氛围、普特师资共训三方面探讨课程的深入扩展和融合活动的多方面设计,并将质量监测作为保障实施机制贯穿在整个衔接过程中。在未来孤独儿童幼小衔接的实践研究过程中,挖掘和开发中华文化对融合教育有深远影响,关注科学技术尤其是人工智能和AI技术对于特殊群体转衔教育的应用。同时,衔接工作应注重和带动背后家庭在整个过程中的积极影响。

一、孤独症儿童学前幼小衔接的区域推进

学前幼小衔接是建立在区域融合教育的基础之上的,融合教育的扎实推进是学前幼小衔接的坚实基础。有了良好的融合发展理念以及孤独症儿童学前幼小衔接从点到面,从单一到类型的全覆盖,和衔接工作

相关的人员培训和发展就容易建立明确的方向,形成一致的目标,这有利于区域内衔接工作的有效开展。

（一）传统优秀思想是融合衔接的文化源

意识形态的观念,对于融合教育的推广非常重要。融合文化起到了引领作用,融合的环境容易创造出更多的机会和活动,让衔接工作得以顺利开展。普通幼儿园和普通小学的老师具有融合教育的理念和思想,能够影响和推动特殊儿童同伴关系的发展。家长对融合教育理念的肯定与认同,有助于特殊儿童融合的稳定性发展。融合教育理念包括认可每个人都有受教育的权利,特殊人群应该最终走向融合的道路。

随着人类文明的不断发展和演变,中西方的特殊教育理念都有不同层次的变革。西方特殊教育理念逐渐从单一走向多元,从"斯巴达勇士"文化当中的抛弃到接受,再到权利的争取,特殊群体作为独立个体存在的意识增强,平等思想逐渐深入。中华传统文化中的"大同"思想中蕴含着对特殊群体的关爱,建立了对残疾人根深蒂固的"养""教""自强自立"等积极观念。中国传统儒家经典教育文化"有教无类"的平等教育观念是当代特殊教育发展的丰厚土壤之一。我国社会主义核心价值观当中"和谐、自由、平等、友善"等,无不体现出对特殊人群的关爱和友善,这是特殊教育融合观念发展的又一丰厚沃土。借助地区本土文化特色,可以发掘出一些文化线索,开展融合活动,发展"有教无类"课堂,"大同"的区域融合活动等,展现融合的文化特色。让特殊人群从学前到职业阶段都能够进行融合。再加之现代信息科技带来的现代化发展,特殊教育理念势必要向无差别的全纳和全面的融合方向发展,形成环境里、意识内的"零拒绝""大平等"理念。

融合教育理念在区域内不断进行推广,普通教师、儿童直接或间接接触到特殊学生,他们逐渐建立起一种多元的社会群体观念,即"我的周围有很多不同的人,每个人都不一样,我可以和他们在一起"等,在潜意识当中抑制这些群体在未来社会互动关系中"歧视""欺凌"等不良观念的产生,也为特殊群体平等参与社会活动优化了文化环境。这也是由外在环境改变逐渐内化为群体意识,最终被普遍接受的社会文化现象。

（二）完善政策细则是融合教育实施的保障

法律政策是除融合理念之外，另一个能够促进特殊教育高质量发展的有效工具。纵观我国特殊教育法律法规，是从先保障特殊儿童的教育权利，再发展到高质量特殊教育相关法律法规的出台。有研究学者对我国的特殊教育政策法规进行了研究，发现了国家一直在加快推出特殊教育政策法规的出台，尤其是2012年以来，10年累计颁布35项相关法规，包括三期特殊教育提升计划的出台，不仅丰富了特殊教育政策法规的形式，而且从不同层面上推进特殊教育的改革和发展。特殊教育也是教育公平的重要体现，这也说明了党和国家"办好特殊教育"的决心。[①]

特殊教育对象的衔接工作相较于随班就读工作更加细致和复杂，因为它连接的是两个教育系统，包含了更复杂的团体，重点是对衔接课程方面提出了新的改革要求。特殊教育衔接工作在部分地区已经开展，但国家关于特殊教育衔接相关的法律法规制定还未出台。因此为了实现特殊教育现代化，需要结合我国特殊儿童幼小转衔工作需要，制定保障性的法律法规并出台专项可操作性强的支持政策。要从学校、家庭、政府、社区等不同层面给予支持性指导，同时出台相关配套工作指南，并且设计操作性较强的工作流程来规范各级教育部门的转衔评估服务；要划拨专项经费，用于转衔教师培训、特殊儿童评估及干预、设施设备改善等以支持幼小转衔工作的开展。

特殊教育衔接工作中，家庭的影响力不容忽视。可结合我国《中华人民共和国家庭教育促进法》，为特殊儿童家庭在教养、参与衔接过程中赋能，强调家长有权利和义务参与孩子的有效转衔安置计划，充分尊重家长的权利，保证家长参与的程序性和规范性，明确家庭在转衔过程中的角色和地位。

（三）促进协同实现衔接区域开展至全面推广

幼小衔接是需要多方合作、多方支持、协力促进的一项工作。要将

---

① 张瀚文,陈鸿宇,向轩.新时代我国特殊教育政策法规特点及发展逻辑[J].现代特殊教育,2022(22):5-11.

家长与老师、学生与老师、课程与课程、老师与老师、学校与学校之间的工作和目标探究清楚。在先行实施的阶段，必定是以点开展，以个例为主，从个体的鉴定、入园支持、课程的设计与实施、同伴关系等先后开展或者同时开展衔接工作。首先，这取决于有限的师资资源，以及专业能力水平的发展；第二，专业教师的专业成长需要依赖于真实的个案和对现状的研究总结；第三，幼小衔接工作的探究要坚守研究的伦理道德，为每一位孤独症儿童的衔接教育尽可能提供专业的支持体系。

从点到面的推广，在微观层面上，从个案衔接开始，稳定融入班级、进行基于标准的课程改造、同伴关系培养、班级融合环境创设、班主任融合理念和特殊教育支持策略培训等；宏观层面，包括学校对衔接工作理念的转变和衔接工作管理试行办法、资源中心与普小的合作模式、其他社会团队的合作和社会资源的有效利用等；从中观层面来说，家庭从特殊学生个体到家庭成员之间的协调合作的衔接支持也起到非常重要的作用的。

以个别点为先，开展区域幼小衔接工作，能够实施精准服务，实现深度问题分析，开展全面支持。在过程中系列问题的解决形成衔接体系和支持模式，就更有可能进行面的推广。

（四）全覆盖式衔接体系实现真正的教育零拒绝

孤独症儿童幼小衔接工作的开展，必定是在特殊教育对象的全人发展的内涵中，也终将成为孤独症生涯发展的起始和关键阶段。

在促进特殊儿童融合教育幼小衔接的过程中，要针对孤独症儿童的学习和发展特点，从幼儿园阶段介入，构建孤独症儿童幼小衔接体系，帮助孤独症儿童顺利从幼儿园过渡到小学。我国对特殊教育对象的定义具体包含了肢体残疾、视力残疾、听力残疾、智力残疾、孤独症、唐氏、学习障碍、阅读障碍……孤独症儿童相对具有多重性、障碍程度比较重、干预难度比较大的特征，干预过程更具综合性、复杂性、范围大、时间长。而其他类型的特殊儿童，如脑瘫、智力障碍等，他们的障碍特征是单一、程度轻、干预理论和实践成熟，实现成功衔接更具基础和条件。

幼小衔接的发展可以从孤独症儿童的衔接发展至其他障碍类型的

儿童。具体思路为在专业组成方面进行相应的调整,利用多方的专业康复资源,以资源中心为平台,增权赋能普小资源教师、普小普通教师、特殊儿童家长,形成团队合力。

在衔接干预的过程中,脑瘫、智力障碍等类型学生的衔接应该注重融合环境的创设,在尊重、关爱的同伴关系发展中促进他们的衔接,有助于从小培养他们自信、自强、自立的品格。脑瘫学生的主要特点是动作方面的障碍,除了在学校课程方面的支持以外,还需要增加动作专业方面的康复支持和无障碍环境的改造。智力障碍学生的主要特点体现在认知功能发育迟缓,但情感认知是他们学习的优势,如果在良好、融洽的氛围当中生活和学习,就能够更加有力地支持他们的有效融合。

(五)协同团队是幼小衔接成功实施的关键点

普小教师教学任务重、学科评比压力大,班级里又有特殊教育学生,这就又产生了新的专业压力、教学和管理挑战。在衔接支持体系中针对专业能力不足的普小课程老师、班主任、巡回指导老师进行专业的培训、咨询服务和教育支持,是否能够让他们真正在学校教学环境中应对孩子的教育管理和教养,他们在衔接实施的过程中是否能以积极主动的心态去应对,他们是否内心有足够的把握能够实践好个别化教育目标,对衔接至关重要。

随着幼小衔接工作的不断深入推进,教师对他们也从当初的手足无措转变为专业应对。在教育干预的过程中,普特共同合作、研究、探讨、实施,你支持,我执行,再监督,再评测。这是一种双向合作提升的牢固模式。普小教师在资源教师的巡回支持下、特殊教育专业教师的指导下,将会把孤独症儿童的教育也作为师者的责任与义务,改变"随班就读生与我这个班主任无关"的观念,从而从制度规定提升发展为教育理念的延续。

所以,在专业师资培养方面,资源教师和普小教师都要囊括在内,在专业知识和实践干预、融合的班级管理建设、衔接课程的开发和应用实践等方面,要有不同程度的普及和侧重。资源教师可更加深入特教领域进行专业方向理论与实践的干预,普小教师则应更注重理念的引领和班级管理与建设的培养。

每个老师都有自己的专业和负责领域,不同的专业和管理范围是为了达到全面满足教育需求,他们组成的衔接团队能够达成真正的专业合作和相互渗透,这是非常重要的。

二、基于标准课程的衔接课程长效发展

实现融合教育高质量的发展,融合课程是非常基础和重要的一环。怎样的课程才是高质量的课程?部分专家通过调研和借鉴国外融合课程发展历程,认为高质量的融合课程建设应该具备全纳包容性、遵循学生的多元异质,通过多样化的支持手段保证课程内在公平,能进行课程全程调整。[①]目前融合课程的开发还远远达不到适应多样化特殊需求的所有学生的标准。

国外通过让特殊学生参与普通课程学习来保障融合教育的实施,提升特殊教育的发展水平。从政策上首先提出,在全纳教育中,特殊学生有权利参与到普通学校的课程当中。[②]所以普小课程不是独一无二的,在面对不同的受众时,应当做出不同程度的调整,让每个学生获得自我发展。

(一)基于标准的衔接课程开发

衔接课程是融合课程的最初始阶段,孤独症儿童进入小学,不能立即适应学习环境,所以实行双轨课程是非常有必要的,让他们渐进式地参与到融合课程,也要通过康复性的课程,让其准备好学习的先备技能,如沟通、社交和运动技能等。

基于标准的衔接课程的开发和应用实践是为了保证随班就读学生能够在真正意义上融合,实现课程的参与。这部分课程在衔接研究当

① 徐添喜,张悦.融合教育何以高质量发展?———课程之思与未来之路[J].中国现代特殊教育,2023(02):11-14.

② 盛永进,徐敏.基于标准的美国特殊教育改革[J].现代特殊教育,2023(5):14-19.

中,目前被定位为基础性课程,即指国家课程标准所规定的具体科目。在发达地区,在普通学校当中的融合教育课程开发是基于标准的课程发展,大致从三个层面来进行。首先,从年级(学段)水平调适(变通)对接;第二,年级(学段)水平的参与点对接;第三,参与技能培养对接(Developing of Access Skills),也就是说通过辅助支持或可获得的技能培养,让他们参与课程。

所以,根据随班就读学生的能力,可以调适学段水平、参与点对接,通过参与水平、技能培养对接,在理想状态下发展出适合特殊学生能力的无限需求课程,在一个难点上,可以在先备技能、任务分析、层次水平方面做出调整。这既体现了课程的灵活性,也展示出了融合课程的包容性。

例如:小学语文第一单元是从儿童离开家庭,进入到小学,角色发生了改变,对自我需要有一个新的认识。主要的课题有"我是中国人""我是小学生""我爱学语文"三个。学习的知识点包含了知道祖国,感受作为中国人的自豪;听读儿童歌,认识同学老师,体会学校与家庭生活的不同。了解语文的基本内容和意义,体会正确读书、写字姿势,理解听故事、讲故事和感受学习的快乐。

衔接课程可以根据教学的目标和要点分层,从知、情、意方面分层,由简到难,从资料的呈现等方面,又可以结合特殊教育康复课程,强调不同的内容。

《我是中国人》:知道我的祖国是中国;了解我们是一个多民族的国家;能够说我是中国人;能够认识中国的国旗;能够知道人称代词我;能够指认图片内容:天安门、长城……

《我是小学生》:体会家庭与学校生活的不同;认识老师、同学,感受同学的友爱;参观校园,树立小学生角色意识;理解学校生活作息表;认识同学、老师;认识校园环境及其功能。

在每个目标能力领域,再根据学习需求,依照皮亚杰的认知层次理论进行分层。这样的话,随班就读学生可以和普通孩子进行一个主题的学习,又进一步减少了环境中的差异分离。

对于孤独症儿童以及随班就读学生来说,衔接课程包含了基础课程、特殊教育支持性课程和活动性课程。在时间纵轴上,孤独症儿童幼小衔接3—5年的融合衔接课程可以再向前延伸;在领域内,不断地向多学科拓展和加固。

(二)基于需求的特色课程探索

每个学生的学习感官通路都不一样,学习的效率更不尽相同。相比较而言,孤独症儿童在视知觉方面具有一定的优势,而在听觉学习方面比较弱。可以在普通幼儿园以及小学初级阶段时开设和视觉学习相关的课程,如动感游戏课程,练习视觉的追视和捕捉能力。提升孤独症心理理论、发展社会性方面,可以开设绘本故事社团课程,让学生从故事中理解社会关系,如应对环境变换等。开设奥尔夫音乐治疗课程,借助音乐的疗愈功能,既可以干预问题行为,提升社会性发展,又可以锻炼听觉学习能力。

(三)基于融合的双向课程发展

从生态学的角度来讲,孤独症儿童所处的随班就读是一个融合的、开放的环境。融合环境会对处在同等环境中的普通学生也产生一定的影响,普通学生也会树立起一种观念:即人人都是独立的个体,都是有不同特征和需求的个体,有自己特色的人。可以与学校的心理课程结合,让普通学生对班级的特殊需求学生有一个科学层面的了解和应对,引导逐渐形成一个可接纳的融合环境,并能够积极参与和用心投入。

三、未来衔接教育发展的资源趋势

(一)合作性的教育

从群体的观点来讲,个体衔接是连续的、终身的,那必定需要在衔接的过程中将相关重要的社政单位、教育单位都包含在内,各个相关的环节、环境、涉事人员有服务上的合作、环节上的互补、资源上的汇聚、方案上的递进。从狭义的角度来讲,孤独症儿童幼小衔接涉及直接接触的环境之内的人和事,家庭、学校、社区等,属于紧密式的无接缝衔接。在课程开发中,学前和义务阶段都有一个课程中介适应期、基础能力康复期、学习能力发展期、辅助学习支持适应期。幼小衔接的合作是团体的资源整合、课程的合作开发、学生能力的接力培养、新科技的辅助开发、普幼小特的融合教育联合实施。在衔接过程中,幼小两阶段的校级进行沟通以创建融合物理环境、人文环境;幼小两阶段教师进行融合课程、衔接课程的开发;在整个衔接的过程中,家庭参与和医学康复一直存在并有干预。

从个体的角度来说,孤独症儿童融合后,他直接接触的学校环境是需要有个别化的辅助支持,让他能够学习通用课程内容;能够在适应环境的过程中获得支持,能够有专业人员帮助他建立和维持有效沟通和师生、同伴关系,维持儿童课堂注意力、维持支持性环境等。

助教老师作为社会独立的干预资源进入到学校的环境中比较常规,但需从准入机制、专业角度、职业素养、团队合作、职业范围等方面慎重考虑。目前国内没有统一针对助教老师有相应的教育培养和准入机制,需要针对准入制度、行业要求等进一步探索。许家成教授就助教老师的培养提出了三种思路:一是康复医疗专业的学生在实习期进入普校,担任"影子老师";二是开设三年专科层次的"影子老师"专业;三是通过短期培训、继续教育制度等方式培养助教老师。

(二)数字化的管理

幼小衔接过程中最重要的改变是人文环境的改变,是环境资源的转变,是课程难易程度的转变。两个不同的环境中,学生在校的学习能力、学业表现、成长过程中资料的存档是各自独立存在的,纸质性的文档无法综合、形象地呈现学生重要的发展信息。每个学校都有自己的资料存档方式,教学数据分散,孤立不连通,再加上特殊儿童的差异性大、个别化教育需求高,数字化教育云技术正好能够克服资源之间交互的困难。

学校大脑是将在校园内发生的教学行为、学习行为通过数字化的方式展现出来,实现全校汇聚教育数据、数据最终回归到学校。数据间的流动,形成多系统的联动,实现信息数据化和数据共享。建立的融合教育管理系统有助于形成学生成长档案空间、优化教育资源配置,优化融合教育数据管理,支持课程的实施,促进特殊儿童顺利衔接进入到融合环境中。

(三)智能化的管理

《"十四五"特殊教育发展提升行动计划》第二条提出推进融合教育的发展,要科学整合各优势学科,围绕课程标准、培养方案、衔接安置、资源共享等关键问题,打通教育类别、学科门类、不同行业之间的阻隔和界限,进一步放大"1+1>2"的优势。当前科技水平的高速发展,特殊教育领域当中的跨学科已经悄然发生改变,在原有的医学、教育、社会学、心理学等学科中加入了人工智能。

> 案例1:2023年杭州亚运会上出现的电子狗,能够识别人物、环境,区辨物体,理解人类语言的模糊概念,成为残疾人的"导盲犬"机器人,更加拓宽了我们对于辅助支持的理解。
>
> 案例2:ECHOES是教育中人工智能的一种代表,是以游戏为基础来支持孤独症儿童设计的AI社交伙伴,既可以作为同伴,也可以作为导师,软件内的智能儿童具备自主性、主动性、反应性、社会情感性、积极支持性等特征,能够使用面部表情和手指来表达情绪。这些能力正是孤独症儿童需要改善的。[1]
>
> 案例3:目前在医学界,可以通过植入芯片,干预大脑多巴胺的分泌,成功地从生理上直接治愈抑郁症患者,具有直接和立即效果。这是人类攻克大脑受损后神经系统无法再生难题的开端。

在未来的特殊教育领域中,AI可以成为智能辅导系统,达到一对一辅导的现实效果,带给特殊孩子不一样的真实体验,促进他们在认知、感知、运动等方面的成长。同时又可达到综合现实成效,让学生能够顺利

---

[1] 韦恩·霍姆斯,玛雅·比利亚克,查尔斯·菲德尔.教育中的人工智能:前景与启示[M].盛群力,审订.上海:华东师范大学出版社,2021.

地从AI虚拟环境过渡到真实生活,减少环境障碍,也为特殊教育教学方法和策略发展提供无限可能。

四、特殊儿童家庭的衔接赋能

(一)从被动卷入到主动参与

在幼小衔接支持、融合家长支持、融合师资支持的分层体系中,我们看到包含了处于同级物理环境和不同级物理环境的人,她们之间有交互,也有相互隔离,主要包括了8大类人群,其中家长作为重要组成部分。家长们因自己孩子接触到新的特殊教育领域,所以特殊教育专业理念储备和准备不足、专业素养和实践水平也亟待提高。在我国,虽然特殊教育已经开启了蓬勃发展的势头,但特殊儿童家庭在处理有关特殊儿童事务的过程中仍是处于一个被动卷入的状态。他们常常会被告知孩子是怎样的一个情况,在孩子转换到新环境的过程中,缺乏提前进行程序性衔接的预备心理和能力。

随着多元文化取代了主流文化,更多的群体都在争取自己的权利,美国特殊人群法案当中的权利很多都有特殊群体背后的家庭参与,他们具有比较强的主体意识,通过组织活动、修改法律取得了相应的权利。特殊群体成员从开始的被动接受现状,到应用法律、社会资源等实现了处理特殊儿童发展相关事务,拥有一定的自我效能感。内在主观感觉和外在能力形成了正向影响关系,所以很多的家庭成员成了特殊教育某一领域的专家,或是成立了相对专业的机构组织。

(二)特殊儿童家庭转衔赋能

将专业资源转化到家长、普小教师、资源教师身上,让他们有能力去完成属于自己职责之内的事情,而不是简单"嫁接",扭转只接受知识而不实践的现象,能让他们能够做出积极的改变。

特殊儿童衔接工作的介入,使特殊儿童背后的家庭在儿童即将进入或者已经进入到特定学习和生活环境中时,能够积极主动或在适当协助下持续参与促进特殊儿童发展的早期干预、特殊教育及相关服务过程,并在这个过程中始终感觉有一定的控制力,有持续参加的动力和信心。

专业团队通过线上、线下的方式提供相关的干预、教育、医疗、社区等资源,让家庭获得资源途径更便捷,家长的掌控感就会增强。

线上提供多样化资源支持,如特殊儿童家庭心路成长历程上的心理支持、干预理论,诊疗、教育计划干预理论等。线下对教育干预进行督导,对衔接进行长期的跟踪、支持等。

图书在版编目（ＣＩＰ）数据

孤独症儿童幼小衔接的理论与实践探索 / 俞林亚编
著． -- 长春 : 东北师范大学出版社，2024.3
ISBN 978-7-5771-1191-9

Ⅰ．①孤… Ⅱ．①俞… Ⅲ．①孤独症－学前教育－特
殊教育－教学研究 Ⅳ．①G766

中国国家版本馆CIP数据核字(2024)第057985号

□责任编辑：于天娇　　□封面设计：书道闻香
□责任印制：许　冰　　□责任校对：书道闻香

东北师范大学出版社出版发行
长春净月经济开发区金宝街118号（邮政编码：130117）
电话：0431—85690289
传真：0431—85691969
网址：http://www.nenup.com
杭州书道闻香图书有限公司制版
杭州万星印务有限公司印装
杭州市余杭区星桥街道星二路72-1号（邮政编码：311199）
2024年3月第1版　2024年6月第1次印刷
幅面尺寸：170mm×240mm　印张：13.25　字数：184千

定价：59.00元